Das Buch

Dieses Buch ist kein psychologischer Ratgeber.
Dieses Buch ist die Dokumentation eines Selbstversuchs.

Es beschreibt den Weg vom durch die Werbung manipulierten Konsumenten hin zum mündigen Verbraucher.
Es beschreibt die Reduktion von Dingen, von sich selbst, um dem Leben ein wenig mehr Ordnung und Struktur zu geben und dadurch wertvolle Zeit zu gewinnen.

Das Buch beschreibt ein Lebensgefühl – halbsoviel ist DOPPELTSOWENIG.

Die Autorin

Nach ihrem Erfolg mit der Dokumentation „Konsumdiät" hat Britta Heinrichs erneut einen Selbstversuch gestartet. Sich selbst in allen Lebensbereichen zu reduzieren war harter Tobak für eine bis dahin eher inkonsequente und nicht sehr disziplinierte Frau. Humorvoll berichtet sie von ihren Erfahrungen, die zum Nachahmen einladen.
Die Autorin lebt mit ihrer Familie in Leverkusen.

Britta Heinrichs

Doppeltsowenig

Vom Selbstversuch, sich von überflüssigen Dingen
und Gewohnheiten zu trennen

Alle Ratschläge und Hinweise in diesem Buch wurden von der Autorin sorgfältig erwogen. Eine Garantie kann dennoch nicht übernommen werden. Eine Haftung der Autorin für Personen-, Sach- und Vermögensschäden ist daher ausgeschlossen.

Impressum

Herstellung und Verlag: BoD - Books on Demand, Norderstedt

Lektorat: Renate Krohn

Coverfoto: Johann Heinrichs

Kleines Foto: www.studioline.de / Melissa Camuto

© 2014 Britta Heinrichs

www.britta-heinrichs.de

ISBN 978-3-7357-7894-9

„Wenn du die Absicht hast, dich zu erneuern, tu es jeden Tag."

Konfuzius

Ich widme dieses Buch einer Kämpferin

„Vesna, für dich!"

und bedanke mich bei Holger für die Wortschöpfung

„Doppeltsowenig".

Inhalt

„Wie sieht es denn hier aus?"

„Als wäre eine Bombe eingeschlagen. "

(Mit diesen Worten begann seltsamerweise auch mein letztes Buch.)

Chaos

Zwei Wochen Badeurlaub liegen *hinter* – zwei große Koffer voller Schmutzwäsche *vor* mir. Unser drittes Großraumgepäckstück enthält wie in jedem Jahr ausschließlich Souvenirs sowie Dinge, die wir ungetragen und unbenutzt wieder nach Deutschland eingeführt haben.

„Nächstes Mal nehmen wir weniger mit!" Wo habe ich das bloß schon mal gehört?

Im oberen Stockwerk sieht es aus wie nach einer Hausdurchsuchung. Die Bügelwäsche liegt, nach ihren Eigentümern vorsortiert, in kleinen Haufen herum, da ich vor unserer Abreise nur schnell die Teile gebügelt habe, die wir auch mitgenommen haben. Chaos wohin das Auge blickt.

Würde heute jemand vom Jugendamt vorbeischauen, wäre unser Familienleben akut gefährdet. In der Küche stehen noch zwei Mülltüten, die wir vor der Abreise wohl dort vergessen haben. Jedenfalls sind sie fest zugebunden und somit geruchsneutral. Der Kühlschrank ist leer. Auf der Küchentheke stehen zwei Bierflaschen, die wir gestern nach unserer Rückkehr, in Ermangelung anderer Erfrischungsgetränke, geleert haben. Die Tageszeitungen und die Post von zwei Wochen stapeln sich auf der freien Hälfte des Esszimmertischs; die andere ist grundsätzlich mit diversen Gebrauchsgegenständen belegt. Hier muss dringend etwas passieren.

Es soll ja Leute geben, die vor ihrem Urlaub die Wohnung noch tipptopp in Schuss bringen und den Einbrechern einen kleinen Geldbetrag hinlegen, damit sie nicht suchen müssen und dabei die Bude verwüsten. *Unsere* Einbrecher wären wahrscheinlich direkt wieder abgehauen, weil die Kollegen offensichtlich schon vorher da waren.

Trotz allem kann es so nicht weitergehen. Die kleinen Koffer eines Städtetrips von vor vier Wochen stehen noch herum. Davids Schulsachen liegen seit Ferienbeginn im Weg und überall fällt man über Handtaschen, die von meiner Entscheidungsfreude zeugen, welche wohl für eine Flugreise als Handgepäck am besten geeignet sei. Die neuen Handtaschen aus der Türkei kann ich direkt in das Gesamtbild integrieren. Die bunten Designerschals drapiere ich dekorativ über die Stuhllehnen, damit sie nicht knittern. Die Sommerschläppchen, die nicht in die engere Wahl für den Urlaub kamen, liegen verstreut im Flur und sämtliche CDs, die kurz vor der Abreise unbedingt noch schnell auf die diversen iPods gepackt werden mussten, türmen sich *vor* dem entsprechenden Regal. Wieso hätte man sie auch direkt hineinräumen sollen?

Vierundzwanzig Stunden nach Urlaubsende befindet sich in unserer gesamten Wohnung keine freie Ablagefläche.

Ab morgen weht hier ein anderer Wind. Leider zunächst nur symbolisch, denn das afrikanische Hoch mit dem exotischen Namen Achim verhält sich kontraproduktiv. Es sorgt für Temperaturen, die das Wetter in Antalya alt aussehen lassen – und mich nicht weniger. Die Luft steht und ich lege mich erst einmal hin. Ich kann nicht mehr.

Meine Erschöpfung soll sich bereits einen halben Tag später mit einem Virus erklären, der offenbar meinen Darm besiedelt hat und diesen nun veranlasst, sich mehrmals stündlich zu verkrampfen.

Doch vorher bleiben mir noch ein paar ruhige Stunden, die ich relativ planlos verbringe. Ersten Koffer auspacken – Wäsche sortieren – frühstücken – Zeitung lesen – Kaffee trinken – Mitbringsel anschauen – zweiten Koffer auspacken – eine summende Fliege jagen – duschen – Zeitungen der vergangenen Wochen durchblättern – dritten Koffer auspacken – Kaffee trinken – ausruhen – Sachen von links nach rechts räumen – Fliege erneut jagen – Kaffee (inzwischen kalt) trinken – leere Plastiktüten einsammeln – Fliege endlich fangen – Frühstück fürs Kind machen – leere Koffer wegräumen – – – *verzweifeln ob der Tatsache, dass sich am Gesamterscheinungsbild der Wohnung nicht wirklich etwas verändert hat.*

Ich brauche einen Plan

Während ich stündlich das Gefühl habe, dass meine Eingeweide in Streifen gerissen werden, habe ich zwangsläufig reichlich Bedenkzeit. Mein Chef hat Mitleid und gewährt mir unbürokratisch einen Tag Aufschub.

Ich ziehe mich mit Tee und Zwieback ins Schlafzimmer zurück und lasse unseren schönen Urlaub im Geiste Revue passieren.

In den letzten beiden Wochen verliefen meine Tage tatsächlich mehr nach Plan als sonst zuhause. Feste Essens- und Ruhezeiten, Animationsprogramm, Davids Trainingsplan, gebuchte Ausflüge mit unseren (im Nachbarhotel wohnenden) Freunden, Shoppingverabredungen, Friseurtermin und unser rituelles, abendliches Kartenspielen. Der Urlaub hatte Struktur. In Ermangelung voller Schränke hatten wir jeweils nur die Sachen zur Verfügung, die in einen Koffer passen.

Dieser Zustand ließe sich doch sicher irgendwie auf meinen häuslichen und beruflichen Alltag übertragen, der zugegebenermaßen in weiten Teilen recht unorganisiert abläuft. Es gibt bei mir einige Baustellen, die ich gerne in Angriff nehmen möchte. An erster Stelle den Haushalt, aber auch Sport, Hobbies und vielleicht eine Diät. Das sollte mit ein bisschen Planung doch zu schaffen sein.

Die durch meine „Konsumdiät – vom Selbstversuch, ein Jahr lang nichts Unnötiges zu kaufen" vor zwei Jahren erlangte Grundordnung ist lediglich noch partiell vorhanden, was dazu führt, dass unangemeldete Besucher derzeit nicht wirklich willkommen sind. Hier herrscht akuter Handlungsbedarf.

Nach dem Urlaub ist vor dem Urlaub

Es ist August und mit dem Beginn meines Vorhabens auf das neue Jahr zu warten, halte ich für unklug. Dann könnte ich 2014 meine Aktion gleich komplett von einem Privatsender erledigen lassen. „Einsatz-in-vier-Wänden-Messie-Spezial" mit mir ganz einsam in der Hauptrolle. Natürlich in Ermangelung meines Ehemannes (bis dahin geflohen) und meines Sohnes (siehe Bemerkung zu Jugendamt). Nein, der Selbstversuch kann im Groben so definiert werden, dass ich von jetzt an für einen noch zu festzulegenden Zeitraum rigoros nach Plan leben will. Besser: nach *Plänen*. Der in allen Bereichen vorhandene Überfluss muss sich doch irgendwie ausheheln lassen! Eine kleine Zeitreise in die Vergangenheit könnte hier sinnvoll sein. Frei nach dem Motto: „Früher war alles besser." Ich werde im Internet nach einem Fluxkompensator suchen. Doch dazu später mehr.

Wenn man sich so umblickt, dann läuft doch vieles um uns herum planmäßig. Angefangen bei Naturereignissen wie Mondphasen, Ebbe und Flut, über den menschlichen Körper – beim weiblichen besonders nachweislich – bis zu den öffentlichen Verkehrsmitteln, die nach Plan fahren (zumindest theoretisch), den Schülern, die nach Stundenplänen unterrichtet werden (ebenfalls theoretisch), bis hin zur Müllabfuhr, Steuerfälligkeiten … alles unterliegt einer gewissen Ordnung. Unser Kalender ist das Paradebeispiel für Planung.

Ich persönlich symbolisiere kalendertechnisch eindeutig den Monat April – der macht, was er will. Wieso läuft alles um mich herum nach Plan, nur ich nicht? Wieso bin ich so chaotisch? Wieso wird mir alles zu viel?

Wenn die Behauptung stimmt, dass jedes Kind Regeln lernen kann, trifft das auch auf mich zu. Hoffentlich auch auf meinen inneren Schweinehund. Der Arme wird gar nicht wissen, wie ihm geschieht. Nach meinem damaligen shoppingfreien Jahr hatte er eine recht zügellose Phase, die ich ihm jedoch schnell wieder ausgetrieben habe. Man darf gespannt sein auf die Größe der Steine, die er mir dieses Mal in den

Weg legt – wenn er nicht gleich eine ganze Mauer hochzieht. Ich möchte gar nicht daran denken.

Obwohl: Es ist verdammt leicht, die Schuld an der eigenen Undiszipliniertheit auf so ein rätselhaftes Vieh abzuwälzen. Das ist wie Wasser predigen und Wein trinken. Mein innerer Schweinehund und ich stoßen also mit einer Schorle an und lassen uns auf dieses Experiment ein. Keine Ausreden!

Organisatorisches

„Warum denn so ernst?"

Joker in Batman/The Dark Knights

Joker

Meinen Chef informiere ich zuerst und ihm scheint die Idee zu gefallen. In seinem Betreuungsbüro arbeite ich an zwei Tagen, dienstags und donnerstags, was schon mal eine bestehende Planung ist. Mit Ausnahme meiner aktuellen Unpässlichkeit. Da haben wir es: Wie gehe ich mit unvorhergesehenen Ereignissen um? Was ist mit Spontanität? In jedem Fall muss ich vorab meine Ziele genau definieren und meine männlichen Mitbewohner informieren. Deren Reaktionen kann ich mir lebhaft vorstellen.

Der Vorschlag meines Chefs, bei Bedarf auch mal einen Joker ziehen zu dürfen, ist genial. Aber meine allgemeine Disziplinlosigkeit könnte dafür sorgen, dass ich den Titel des geplanten Buches in „Meine Joker und ich" umbenennen müsste. Im Rückblick auf unsere Rommé-Abende im Türkei-Urlaub wären drei Joker pro Monat nicht übertrieben. Ich könnte welche aus einem alten Kartenspiel nehmen und in meinen Kalender legen. Apropos: Ich brauche noch ein geeignetes Medium für meine Pläne. Will ich mit Kalendern, Karteikarten, Listen oder elektronischen Hilfsmitteln arbeiten? Mitten im laufenden Jahr an einen aktuellen Kalender zu kommen, erweist sich übrigens als gar nicht so einfach. Mein kleiner Filofax bietet lediglich Platz für die laufenden Termine. Es gab doch mal diese PDAs; hat man so etwas noch?

Eines schönen Tages bin ich in der Kölner Innenstadt unterwegs und springe spontan in einen großen Fachmarkt für Unterhaltungselektronik. Dort suche ich mir einen nett aussehenden, jungen Verkäufer und verwirre ihn mit meiner Frage nach einem sogenannten PDA. Die Abkürzung steht für *Personal Digital Assistent* und genau so etwas brauche ich. Einen persönlichen Assistenten, den ich – einmal entlohnt – unbegrenzt ausnutzen kann. Der junge Mann verweist mich an einen älteren Kollegen, da er, wie er zugibt, von so etwas noch nie gehört hat.

Das freundliche Lächeln des älteren Kollegen stirbt augenblicklich nach Ankunft meiner Frage und es scheint, als würde er nach Luft ringen. Ich warte kurz, bis er sich gefasst hat und dann lacht er mich allen Ernstes aus! Ist ja gut, es war nur eine Frage! Er empfiehlt mir, die Funktionen meines Smartphones zu studieren oder alternativ einen Taschenkalender zu benutzen, welcher nicht weniger modern wäre als ein PDA. Soviel zu diesem Thema.

(Einige Wochen später soll ich in den Besitz eines Tablets kommen, der von da ab die Organisation meiner Termine übernehmen wird.)

Hilfeplankonferenz

Herr Mähler rät mir darüber hinaus zu einer sogenannten Hilfeplankonferenz und schickt mir dazu auch gleich einen entsprechenden Formularentwurf per Mail. Diese Maßnahme wird von sozialen Trägern durchgeführt, um eine Wiedereingliederung und tagesstrukturierende Maßnahmen zu dokumentieren und zu begleiten. Es geht darin um zu erreichende Wünsche und Ziele der Betroffenen und deren Umsetzung nebst Hilfestellungen. Wenn ich eine solche Konferenz in regelmäßigen Abständen abhalte, kann ich auf Verbesserungsvorschläge eingehen, Abläufe optimieren und die Planungen möglichst den jeweiligen Gegebenheiten anpassen. Eine monatliche Abstimmung der in unserer Familie anstehenden Termine ist sicher eine gute Idee.

Die Hilfeplan-Formulare sind als Tabellen aufgegliedert.

1. Formular „Planung" mit folgenden Spalten:
Was soll zukünftig konkret erreicht werden?
Bis wann?
Was soll getan werden, um die Ziele zu erreichen?

Wer soll das tun?

Wo soll das gemacht werden?

2. Formular „Zielüberprüfung" mit folgenden Spalten:

Was sollte zuletzt konkret erreicht werden?

Das Ziel wurde ☐ erreicht

☐ teilweise erreicht

☐ nicht erreicht

Wie kam es zu diesem Ergebnis?

Die Idee ist gut, denn ohne eine ausführliche Aufstellung über meine groben Ziele brauche ich gar nicht erst anzufangen. Daraus leite ich dann die Feinheiten ab und entwerfe dazu die entsprechenden Listen. Zu aufwendig darf es natürlich auch nicht werden, sonst komme ich vor lauter Planungsarbeit nicht mehr zur Umsetzung.

Beim Aufräumen neige ich nämlich dazu, mich zu verzetteln. Ich kann ohne weiteres am CD-Regal hängenbleiben und dessen immensen Inhalt hingebungsvoll nach Alphabet sortieren. Das ist zwar abendfüllend, hat aber wenig bis keinen Einfluss auf den Gesamteindruck der Wohnung. Gerne vertiefe ich mich beim Ausmisten des Zeitungskorbes in die ungelesenen Frauenzeitschriften, was der Grundordnung des Raumes insofern nicht förderlich ist, dass zu dem ganzen Kürmel noch die rausgerissenen Seiten mit Rezepten, Frisuren- und Modetipps dazukommen. Ich brauche also einfache und übersichtliche Strukturen mit konkreten Anweisungen.

Außerdem muss ich geschickt um meine Familie herum planen, weil es

a) *mein* Projekt ist und

b) in erster Linie unser Familienleben bereichern und nicht beeinträchtigen soll.

Früher war alles besser

Das mag sein. Aber wann war denn eigentlich „früher"? Vor 1989, wenn man einigen Zeitgenossen glauben darf, die aus den neuen Bundesländern stammen. Vor 2011, wenn man meinen Sohn fragt, der noch immer wehmütig seine frühere Klassenlehrerin vermisst.

Das reicht mir nicht.

Um meinem neuen Projekt einen tieferen Sinn zu geben, erscheint mir der Zeitraum von 30 Jahren ideal. Ich war damals jugendliche sechzehn Jahre alt und erinnere mich gerne an diese unbeschwerte Zeit. Ob dieser Selbstversuch für mich ebenso unbeschwert werden wird? Nach meinen Erfahrungen mit der Konsumdiät sicher nicht. Ich werde jedoch ganz ernsthaft versuchen, meinen Alltag durch „weniger ist mehr" zu vereinfachen.

Ich hätte es in meinem Leben einfach gerne etwas übersichtlicher.

Volle Kraft voraus

Halbe Kraft drückt es besser aus. Die fehlenden Hauptmahlzeiten in Verbindung mit auslaugenden Viren haben sich zwar durchaus positiv auf mein viel zu hohes Gewicht ausgewirkt (Baustelle), aber leider auch äußerst negativ auf meine Belastbarkeit. Im Hinblick auf die drei vollen Wäschesäcke, die zwar ordentlich aufgereiht aber eindeutig am falschen Platz – nämlich in der Küche – stehen, bricht mir der Schweiß aus. Frei nach dem Motto „Aus dem Auge, aus dem Sinn" bringe ich sie erst mal in den Keller. Dort fallen sie zwischen all den Körben mit Bügelwäsche fast nicht auf. Auch im Keller befinden sich noch diverse Kleidungsstücke in der Warteschleife. Hatte ich total verdrängt. Das schreit nach Struktur und vor allem nach Reduktion.

Die Waschmaschine rotiert inzwischen und jetzt wäre ein guter Zeitpunkt mit einer fundierten Hausarbeitsplanung zu beginnen. Doch mein Sohn hat mir gestern den Besuch seiner „Zocker"-Clique für heute angekündigt. Alle stehen nach den Ferien in gewisser Weise unter Entzug und wollen heute endlich wieder gemeinsam das Playstation-Network unsicher machen. Inklusive Mittagessen bei uns. Vorrangig sollte ich mich also um unseren Esstisch kümmern, der, wie bereits erwähnt, unter der Last diverser Kleinteile zusammenzubrechen droht. Vielleicht nehme ich einfach einen leeren Wäschekorb ... nein, das fällt aus beschriebenen Gründen aus. Es hilft aber nix. Das Zeug muss weg. Eine große Plastiktüte tut es auch. Schließlich muss ich noch kochen.

Die Raubtierfütterung ist erfolgreich beendet und den Nachmittag verbringe ich damit, Dinge an ihren jeweiligen Aufbewahrungsort zu räumen. Das ist auch so ein Problem: Es gibt in unserem Haushalt tatsächlich so etwas wie Streuner – Sachen, die zwar da sind, aber nirgendwo richtig hingehören. Die wandern erst einmal in einen Karton, um bei Gelegenheit ihren Platz zugewiesen zu bekommen. Ich darf es nur nicht vergessen oder – was mir sehr gut liegt – aufschieben. Da muss ich unbedingt ansetzen und beschließe, eine To-Do-Liste zu erstellen mit allen zeitnah zu erledigenden Aufgaben. Ein guter Anfang.

In eigener Sache

Es ist wohl sinnvoll, wenn ich mich kurz vorstelle: Mitte vierzig, verheiratet, Mutter eines pubertierenden Sohnes und ich arbeite gerne. In der Firma meines Mannes kümmere ich mich um die anfallende Büroarbeit und bin nebenher noch im Büro eines Berufsbetreuers tätig. Meine ehrenamtliche Vorstandstätigkeit beim Leverkusener Familienverband nimmt ebenfalls einige Zeit in Anspruch, die vom lästigen Haushalt zugegebenermaßen reichlich abgeknapst wird.

Unsere Familienplanung ist seit fünfzehn Jahren abgeschlossen und wir widmen uns gerne unserem verwöhnten Einzelkind. Mein Mann ist engagierter und begeisterter Jugendtrainer in der Fußballabteilung des SSV Lützenkirchen und auch ich kann nicht sagen, dass ich irgendwie Langeweile hätte.

Ich bin leicht chaotisch, zu schwer und kämpfe seit Jahren relativ erfolglos gegen diese Tatsachen an. Das große Ziel dieses Selbstversuchs ist es, mich und meine Sachen zu reduzieren, neue Prioritäten zu setzen und irgendwann den Zustand der (in meinen Augen) optimalen Ordnung und Glückseligkeit zu erreichen. Dabei soll es jedoch nicht darum gehen, pauschal auf alles, was Spaß macht, zu verzichten.

Wenn's weiter nichts ist ...

Als Versuchszeitraum schwebt mir ein halbes Jahr vor. Bis dahin möchte ich im Groben chaosfrei sein und in einer Art Nachsorgezeit, die nicht genau begrenzt ist, festige ich dann die neuen Gewohnheiten, bis sie zum Selbstläufer geworden sind.

Um diese Ziele zu erreichen benötige ich

a) ausreichend freie Zeit (vorhanden✓)

b) geringe finanzielle Mittel (vorhanden✓) und natürlich

c) Disziplin!!!

Da meine Männer nach Kenntnisnahme meines Vorhabens nicht gerade in Begeisterung verfallen und sich in ihrem Chaos recht wohl fühlen, lasse ich sie außen vor und plane derzeit nur mich selbst in dieses Projekt ein.

Eine liebe Freundin bezeichnete mich kürzlich als „liebenswerten Chaoten, der aufgrund seiner Wesensart nicht nein sagen kann und immer und überall harmonisch leben möchte". Sie begrüßt meinen Selbstversuch, da ich ihrer Meinung nach oft „von anderen gelebt werde", und bietet mir an, mit Rat und Tat an meiner Seite zu stehen. Dafür bin ich ihr sehr dankbar.

Ich denke, es kann losgehen!

Haushalt

„Es saugt und bläst der Heinzelmann, wo Mutti sonst nur saugen kann."

Loriot

Hausfrauenkram

Ich weiß nicht, wie es bei Ihnen ist, aber ich persönlich empfinde die lästige Hausarbeit als ein Fass ohne Boden. Staub, Krümel, Unordnung – all das kommt mir vor wie ein Bumerang. Es kehrt einfach immer und immer wieder. Heute gewaschen und gebügelt sind die Kleidungsstücke ruckzuck wieder dreckig. Als Frau eines Fußballtrainers und Mutter eines Leistungssportlers kann ich ein Klagelied davon singen. Hausarbeit und Putzen nach Plan müsste meinen Tagesablauf vereinfachen.

Zunächst erstelle ich eine Liste der Hausarbeiten, die in unserem Alltag üblicherweise anfallen, um diese dann sinnvoll und turnusmäßig in ein Plangerüst zu stecken. Leichter gesagt als getan.

Die Arbeiten an sich sind schnell zusammengestellt. Schwieriger wird die Entscheidung über die Häufigkeit der einzelnen Tätigkeiten. Hierbei nach Präferenzen zu sortieren würde bedeuten, dass wir zukünftig in völlig verknürwelten Klamotten hinter blinden Fensterscheiben säßen, um langsam aber sicher eine fiese Hausstauballergie zu entwickeln.

Ich versuche es gleichzeitig mit einer Exceltabelle, bunten Blättern und kleinen Karteikarten. Farbige Filzstifte und ein Taschenrechner leisten dabei wertvolle Hilfe. Das Jahr rechne ich der Einfachheit halber in zwölf Monate à vier Wochen um, was einem Projektzeitraum von 48 Wochen entspräche. Will ich das so lange durchziehen? Nach meiner „Konsumdiät" weiß ich, wie lang ein Jahr sein kann. Eigentlich hatte ich mit der Hälfte der Zeit kalkuliert. Doch für die Planung ist dieser längere Zeitraum zunächst sicher die beste Variante. Ich kann also meine lästigen Hausarbeiten trotz schlechter mathematischer Fähigkeiten in ein-, zwei-, drei-, vier-, sechs- und achtwöchige Zyklen einteilen.

Jetzt würde mich ja mal interessieren, wie oft Sie Ihre Bettwäsche wechseln. Als ich mitten im größten Chaos nämlich die Zeit fand, um unser wirklich tolles Urlaubshotel im Netz zu bewerten, las ich unter anderem folgende Reklamation: „Die Bettwäsche wurde erst nach vier Tagen zum ersten Mal gewechselt." Hallo?! Ich behaupte, dass ich im Urlaub mindestens zweimal so häufig dusche wie zuhause wegen Sand, Chlor, Hitze und dergleichen. Da nachts in der Regel die Klimaanlage läuft, schläft man gut gekühlt und schweißarm. Jetzt mal ehrlich: Ich kenne niemanden, der zuhause öfter als einmal im Monat die Betten frisch bezieht. Das habe ich recherchiert. Bei uns werden dafür die Handtücher jede Woche gewaschen. Ein Grund dafür ist sicher die Häufigkeit deren Nutzung.

Man möge mich eines Besseren belehren.

Gegen ein Uhr nachts tränen meine Augen. Doch der Plan steht und macht Sinn. Zum Beispiel ist Montag Waschtag und donnerstags wird gebügelt. Bäder, Böden, Staubwischen und -saugen finden jede Woche statt. Ebenso die Pflanzenpflege. Die Jungs auf unserer Fensterbank werden sich wundern. Da meine Daumen nur mit entsprechendem Nagellack halbwegs grün sind, kommen bei mir im wahrsten Sinne des Wortes bisher nur „die Harten in den Garten". Hoffentlich überfordert die ungewohnt regelmäßige Feuchtigkeit nicht meine kleinen grünen Gefährten.

Für samstags plane ich die aufwendigeren Arbeiten ein wie beispielsweise Fenster putzen (Joker), „Küche gründlich" (Joker) oder die Reinigung des Treppenhauses (Jo… geschenkt…).

Es gibt zwölf Monatsaufgaben wie Speicher aufräumen, Heizkörper entlüften oder Teppiche reinigen, die somit jeweils einmal pro Jahr anfallen. Eine ausführliche Liste finden Sie als Anhang.

Zur besseren Übersicht trage ich am nächsten Tag alles in einen großen Planer meiner Lieblingsmarke Filofax ein, den ich nach langer, langer Suche im Büro wiederfinde, wo er bisher ungenutzt herumlag, und der idealerweise über Kalendereinlagen für die Jahre 2013 und 2014 verfügt. Die Termine der Müllabfuhr bis zum Jahresende male ich mit den entsprechenden Farben der Abholbehälter hinein und alle schulfreien Tage markiere ich mit einem gelben Textmarker. Die Monatsaufgaben notiere ich auf Trennstreifen und hefte sie alle vier Wochen zwischen die Kalenderblätter. Mein Werk gefällt mir und findet aufgeschlagen Platz auf der Anrichte im Esszimmer. Dort ist ab sofort mein Planungszentrum. Ich schütte mir gleich mal einen Ramazzotti ein – denn ein Teil dieses alten ehemaligen Küchenschranks dient uns als Hausbar – und proste mir vergnügt zu.

„Wäsche kann mehr als sauber werden."

Klementine

Große Wäsche

Früher wurde regelmäßig große Wäsche gemacht und alle Frauen trafen sich dazu im gemeinsamen Waschkeller. Ich bin bei dieser wenig amüsanten Tätigkeit grundsätzlich allein auf weiter Flur, denn meine Männer haben alleine den Begriff „Wäsche" bisher nicht wirklich verstanden. Inzwischen habe ich mir den entsprechenden Tunnelblick angeeignet und räume nicht mehr die dreckigen Klamotten von Mann und Sohn hinter denselben her. Inzwischen kann ich T-Shirt-Haufen und Socken vor dem Bett – auch wenn es mehrere Paare sind – gut liegen sehen. Dem Bück- und Greif-Reflex halte ich mittlerweile erfolgreich stand. Gewaschen wird allerdings auch nur das, was sich in der Wäschetonne befindet.

Wer erinnert sich nicht an die gute Clementine aus der Ariel-Werbung und an die Wäscheleine vom Weißen Riesen. Ich kapituliere fast vor den Unmengen an dreckigen Sport- und Freizeitklamotten. Ein modebewusster Teenager trägt ja jeden Tag etwas frisches ... den Zahn muss ich dem Kind dringend ziehen.

Mein Tipp: Die Wäscheberge habe ich dadurch entzerrt, dass ich für jedes Mitglied unseres Drei-Personen-Haushalts einen eigenen Wäschesammler besorgt habe. So entfällt viel mühseliges Sortieren, vor allem, da in der Regel meine Sachen Feinwäsche sind und die Kleidung meiner Männer trocknerbeständig ist. Also wasche ich getrennt nach Personen. Wer nix mehr im Schrank hat, dessen Klamotten werden gewaschen. *(Während ich das schreibe, muss ich laut lachen.)* Da dies vermutlich niemals vorkommen wird, ist eher der von uns an der Reihe, dessen Wäschesack zuerst voll ist.

Beim Bügeln zieht sich dieser Vorteil weiter, denn es entfallen fast gänzlich die Sortierarbeiten. Wenn ich das Glück habe, und die Sachen noch warm aus dem Trockner nehmen kann, reicht ordentliches Falten und Glattstreichen völlig aus. Eine Ladung Jeanshosen befindet sich so innerhalb von zwei Stunden duftig wieder im Schrank.

Der Putzschrank

Da geht es auch schon los: *Den einen* Putzschrank gibt es bei uns nicht. Einige Reiniger stehen im Bad im Waschbeckenunterschrank, einige unter der Küchenspüle und im Bad der oberen Etage befindet sich Garnitur Nummer zwei – so spart man ein paar Treppen. Um diesen Wege-Vorteil wieder zu neutralisieren sind einige nicht so häufig genutzte Putzmittel sowie Eimer und Wischmopp im Keller untergebracht. Immerhin ist Treppensteigen gesund und verlängert das Leben.

Der Staubsauger hat gar keinen festen Platz im Haus und steht in der Regel im Weg.

Das schreit nach Optimierung!

Zuerst wird ein leerer, großer Wäschekorb geholt. Ja! Inzwischen sind wieder welche verfügbar. Dann sammle ich alles ein, was in irgendeiner Form mit der Reinigung des Haushalts zu tun hat.

Vor kurzem lief im WDR eine Sendung zum Thema, moderiert von meiner Lieblingshaushaltsberaterin. Leider kann ich meinen Mann beim besten Willen nicht davon überzeugen, dass diese Dame auch nur für Sekunden unseren Fernsehabend bereichert. Ich bin also, was den minimal, aber effizient ausgestatteten Putzschrank angeht, nicht auf dem Laufenden. Hier muss der gesunde Menschenverstand einer ganz normalen Frau ausreichen.

Ich betone vorab, dass ich persönlich gut damit leben kann, wenn ein Reiniger angenehm riecht und trotzdem reinigt. Wer es gerne etwas ökologischer mag, für den gibt es im Einzelhandel auch eine gute Auswahl. Hier gilt für mich das Motto: Leben und leben lassen.

In meiner Küche landen Spülmittel, Geschirrtabs, Ceran- und Allzweckreiniger sowie die notwendigen Utensilien aus bunter Mikrofaser.

Im Bad befinden sich nun ein Glas- und ein WC-Reiniger und Wannenspray. Dann noch ein Flüssigwaschmittel für die Kleidungstücke, die von Hand gewaschen werden müssen – bei mir sind das in der Regel Tücher und handgestrickte Schals.

Als Universalmittel gegen Schimmel und hartnäckige Verschmutzungen benutze ich neuerdings Essigessenz, die ich in eine Sprühflasche gefüllt habe. Riecht immer noch besser als Chlor und erweist sich als ebenso effektiv.

Zum Transport dieses Reinigersortiments schaffe ich mir einen speziellen Ständer aus Kunststoff mit Tragegriff an. So entfällt die doppelte Ausstattung im zweiten Bad.

Doch was mache ich jetzt mit den anderen Mittelchen? Uralte Spezialreiniger – einmal bis gar nicht benutzt. Auch wenn ich jetzt nicht gerade ein Umweltaktivist bin, widerstrebt es mir, diese Dinge einfach zu entsorgen (hier meine ich selbstverständlich das Schadstoffmobil und nicht den Abfluss). Doch da nach einer Umfrage im Bekanntenkreis niemand etwas damit anfangen kann, wandern die Sachen in eine Kiste zum finalen Abtransport. Wären sie nicht schon so alt, ich würde sie aufbrauchen.

Vorratshaltung

Meine Eltern haben das Hamstersyndrom – und horten. Sie kaufen im Angebot und bevorraten so ziemlich alles. Meine Schwester und ich nennen sie etwas von oben herab „Kriegskinder", in denen tief verwurzelt die Angst steckt, es könnte ihnen an etwas mangeln. Deshalb neigen sie dazu, sich mit Dingen zu überladen.

Früher, in meiner Kindheit, hatten wir einen ganzen Kellerraum voller Vorräte. Einmachgläser gefüllt mit allen erdenklichen Obst- und Gemüsesorten, Hartwaren, Zwiebel- und Kartoffelkiste, Seife.

Wir wohnen in einer recht großen Stadt, wo sich an jeder Ecke ein Geschäft befindet und der gesamte Bedarf an Lebensmitteln und Drogerieartikeln mehr als ausreichend gedeckt ist.

Trotzdem warten meine Eltern an jedem Wochenende auf die geschätzten drei Kilo Werbeblättchen, um die nächsten Einkäufe nach den Sonderangeboten planen zu können. Macht ja auch Sinn.

Ich selbst arbeite in einem Stadtteil, der über eine Einkaufsstraße mit Discounter verfügt, bin also zweimal wöchentlich mitten im Geschehen. Dort kann ich alles, was nötig ist, ohne großen Aufwand mal eben auf dem Heimweg einsammeln.

Und aus diesem Grund werde ich zukünftig auf die Vorratshaltung verzichten. Keine Deos im Doppelpack-Angebot direkt dreifach kaufen. Nicht noch zwei Pfund Nudeln extra oder Grillsaucen für eine ganze Sommersaison.

Jetzt wird erst einmal alles aufgebraucht, und ich fange direkt mit der Batterie kleiner Duschgels an, die ich immer für Kurzreisen aufhebe, zu denen ich dann aber doch in der Regel das normale „Duschdas 2in1" einpacke. Ich suche sie aus allen Hütten im Bad zusammen und lege sie in das Ablagekörbchen in der Duschkabine.

Weihnachtsduft im Sommer – ist doch mal was anderes.

Einige Tage später torpediert meine Mutter dieses Vorhaben und schenkt uns vier Herrendeodorants – sie waren im Sonderangebot, aber mein Vater verträgt sie nicht. Gut' Ding will Weile haben.

Bügeln

Wer diese Hausarbeit mag, möge sich melden – er kann meine mit erledigen. Wenn es eines gibt, was ich verabscheue, dann ist es das unnötige Bügeln von Wäsche.

Im Winter geht es ja noch, aber im Hochsommer verschwitzt im Dampf zu stehen für einen Haufen Shirts, die nach einer halben Stunde am Körper eh gehimmelt sind … *unnötig!*

Leider verpasse ich meist den Moment, wenn der Wäschetrockner seine Arbeit beendet hat und die warmen Kleidungsstücke einfach zusammengelegt werden können. Also fische ich sie zerknittert drei Tage später aus der Trommel und lagere sie in einem Wäschekorb solange zwischen, bis meine Männer leere Schrankfächer reklamieren.

Dass noch stapelweise Shirts im Schrank liegen ist unbestritten, aber das sind „nicht die richtigen". Merkzettel: *Falsche* Oberteile bei Gelegenheit ausmisten und Zeitschaltuhr für den Trockner besorgen.

Wenn möglich trockne ich im Keller die Kleidung auf Bügeln, dann brauche ich sie – zumindest meine Sachen – nur noch in den Kleiderschrank umzuhängen.

Unterwäsche wird bei mir nicht mehr gefaltet, sondern nur in die jeweiligen Schubladen gestopft. Mit Jeans halte ich mich auch nicht lange auf – die dürfen sich gefälligst am Körper glätten.

Für den Rest vom Fest habe ich mir eine Bügelstation angeschafft, die im Gegensatz zu meinem alten Bügeleisen richtig Gas – beziehungsweise Dampf – gibt.

Spaß macht es mir trotzdem nicht.

Ernährung und Genuss

„Um zwölf Uhr wird gegessen, ob gekocht ist oder nicht!"

Herdprämie

Die wenigsten Menschen wissen, dass der erste meiner erlernten Berufe Köchin ist. Wer in unseren Kühlschrank und vor allem ins Eisfach schaut, der würde das auch niemals vermuten. Sogenannte *Convenience*-Produkte sind nämlich für mich das Paradies. Warum alles mühsam selbst machen, wenn es Konzerne gibt, die einem einen Großteil der Arbeit abnehmen. Nun hatte ich mit dem ersten Teil meiner Lehre in Bezug auf den Ausbildungsbetrieb nicht gerade Glück, was mir das Kochen in gewisser Weise ziemlich vermiest hat. Auch ein Wechsel zu einem anderen Restaurant, an dessen Küchenchef ich noch heute gerne zurückdenke, konnte das nicht wirklich wiedergutmachen.

Sichtbare Nebenwirkungen von Fertigprodukten und Restaurantbesuchen lassen sich nicht verbergen. Dazu hat eine traurige private Episode mit Nebenwirkung „Frustessen" ihr Übriges getan. Fazit: Ich muss dringend abnehmen, damit auf lange Sicht nicht auch ich krank werde.

Erfreulicherweise bietet meine Krankenkasse hier eine ausgezeichnete Hilfestellung. Ich melde mich kurzerhand für das Programm „Abnehmen mit Genuss" an und beschließe zur großen Freude meiner Mitbewohner, ab sofort unsere gemeinsamen Mahlzeiten in mein Planungsjahr einzubinden.

Am PC entwerfe ich ein Essensplan-Formular, drucke es auf farbigem Papier aus und hefte die A5-Blätter mit in den Planer. Die Vorteile liegen auf dem Teller: Der Einkauf kann wochenweise erfolgen, was nicht nur Zeit sondern auch Geld spart. Frische Zutaten besorge ich nach Bedarf kurzfristig. Vorgefertigte Produkte fallen weg – gesunde, frische Lebensmittel bereichern unsere Mahlzeiten und wirken sich zusammen mit dem Ernährungsprogramm hoffentlich positiv auf die Gesundheit und das Wohlbefinden unserer Familie aus.

Aus der Türkei habe ich mir eine Gewürzmischung namens „Osmanisch Fleisch" mitgebracht, dessen Duft meine Vorfreude auf leckere Schnellkochtopfgerichte weckt. Die Wokpfanne, die ich mir vor dem Urlaub gekauft habe, wird sich schnell bezahlt machen und meine Männer können sich an gegrillten Fisch durchaus gewöhnen.

Eins meiner ersten Plan-Gerichte ist ein Kartoffelsalat, der dem gekauften, den wir bisher ganz gerne gegessen haben, haushoch überlegen ist.

Eine Inspektion unserer Küchenschränke erweist sich als notwendig und ich prüfe direkt mal deren Inhalt sowie dessen Verteilung auf Zweckmäßigkeit. Unsere Küche ist nicht gerade klein, aber trotz der reichlich vorhandenen Schränke und Aufbewahrungsmöglichkeiten herrscht hier immer eine Grundunordnung. Kein Wunder: Die Schränke sind voll mit Dingen, die selten bis gar nicht benutzt werden und somit befindet sich alles, was öfter in Betrieb ist, notgedrungen in Sichtweite.

Ungenutzte Tupperdosen werden schweren Herzens verkauft, quietschende Kaffeemühle und verbeulter Teekessel entsorgt und noch andere Schrankhüter, wie die Käsereibmaschine (unpraktisch) oder diverser elektrischer Firlefanz kurzerhand ausrangiert. Platz im Schrank!

Das berühmte Pareto-Prinzip, was besagt, dass man in 80 Prozent der Zeit nur 20 Prozent seiner Sachen benutzt, trifft eindeutig auf meine Küchengeräte und –utensilien zu. Meine teuren Zwilling-Messer werden aus der Versenkung geholt, der Vorratsschrank inspiziert und entrümpelt.

Viel mehr Zeit brauche ich für die nun frische Zubereitung der Gerichte nicht – im Schälen und Schneiden bin ich nämlich ganz schön fix. Es macht wider Erwarten sogar richtig Spaß. Vor allem, wenn ich beim Essen in die begeisterten Gesichter meiner Männer blicke.

Zuviel

Frisch und fröhlich kochen ist an sich ja gut und schön. Doch während eines Streifzugs durch einen größeren Supermarkt, den mein Mann und ich zum Großeinkauf aufgesucht haben, wird mir bewusst, in welchem Überfluss wir leben. Allein die Fleischauslage ist an einem Samstagnachmittag noch so vollgepackt, dass ich mich frage, was die denn mit den Resten machen. Die Obst- und Gemüseabteilung ist größer als unsere gesamte Wohnfläche und alleine die Auswahl an Buttersorten erschlägt mich. Während mein Mann sich an der geschätzt fünfzehn Meter langen Frischwurst-Theke anstellt, erinnere ich mich fast wehmütig an *unseren* kleinen Aldi früher in Opladen, Ecke Düsseldorfer Straße. Durch das doch sehr reduzierte Sortiment dauerte der Wocheneinkauf einen Bruchteil der Zeit, die man heute benötigt, um vor dem Supermarkt einen Parkplatz zu bekommen.

Es gab einfach nicht so viel Auswahl, gleichbedeutend mit nicht so viel Zeitverschwendung. Ich hatte anfangs bereits beschlossen, den Zeitfaktor mit einzubeziehen. Wenn ich mir beim Einkaufen eine Art Tunnelblick zulege, dann erwarte ich zusammen mit meinen Ablaufplänen eine immense Zeitersparnis.

Der Plan ist, all das auszublenden, was es damals nicht gab und was auch heute kaum jemand vermissen würde. Ich möchte künftig gezielt an Dingen vorbeigucken wie beispielsweise Kaffeesirup, Sardinenfilets in Mango-Chutney-Sauce oder Kirsch-Cranberry-Marmelade mit feiner Chilinote.

Keine Auswahl zu haben (oder sie weitgehend zu ignorieren), bedeutet für mich, weniger Entscheidungen treffen zu müssen. Auch die zeitlich befristeten Sonderangebote verleiten dazu, Dinge zu kaufen, die man gar nicht braucht. Man könnte eine einmalige Gelegenheit verpassen …

Meinen Mann wird es freuen. Er ist lebensmitteltechnisch eher der bodenständige Typ, dem Kräuter im Rührei oder vier Pfeffersorten im Käse grundsätzlich suspekt sind.

Oft genug haben wir mit langen Zähnen die Ergebnisse aus Rezepten diverser Zeitungen und Zeitschriften gegessen, die übrigens niemals so aussahen, wie auf dem Foto dargestellt. Nicht selten endeten solche Ausflüge in die moderne Küche mit dem Satz: „Also, ich mach mir dann mal ein Butterbrot." – ausgesprochen jeweils von einem der Anwesenden. Applaus, Applaus …

Die Qual der Wahl

In wenigen Wochen findet die Bundestagswahl statt und im Dschungel der verschiedenen Parteien verliert man schon mal den Überblick. 22 Parteien stehen zur Wahl und abzüglich einiger, die aus moralischen Gründen sofort durchfallen, bleiben Unmengen an Wahlprogrammseiten übrig, für deren Lektüre man sich besser Urlaub nimmt. Vor genau 30 Jahren traten gerade mal dreizehn Parteien zur Wahl an; die Grünen waren zum ersten Mal dabei und es begann die Ära Kohl, über die man geteilter Meinung sein kann. Zwar steht heute als probates Hilfsmittel für die Unentschlossenen und Lesefaulen im Internet der Wahl-o-mat zur Verfügung, aber die dort entstehenden Ergebnisse kann ich aus eigener Erfahrung nur als eigenartig bezeichnen.

Mein Mann kann bestätigen, dass ich zu den Unentschlossenen meiner Gattung gehöre. Ob Speisekarte oder Käsetheke – ohne sein Machtwort wären wir sicher manches Mal unverrichteter Dinge aus diversen Läden „gekehrt" worden. Die Auswahl, die uns heute überall angeboten wird, ist einfach zu groß. Vor dreißig Jahren hatte Aldi circa 300 Artikel im Sortiment – heute sind es etwas über 1000. Ich erinnere mich an die ersten Tiefkühlpizzen. Es gab Margherita, Salami und eine mit Gemüsestückchen. Heute kann man in großen Supermärkten allein bei der Sorte Salami aus über 20 verschiedenen Sorten wählen. Es gibt sogar Pizza mit Nudeln oder Gyros. Selbst das gute alte Miracoli-Fertignudelgericht wird heutzutage in mehreren Varianten angeboten.

Mein Entschluss, während meines Selbstversuchs auf kulinarischen Firlefanz zu verzichten, amüsiert meinen Mann sichtlich. „*Du* kaufst doch immer die ganzen neuen Produkte, weil *du* sie unbedingt ausprobieren musst." Er hat leider Recht. Wie oft haben wir uns schon über den Tellerrand angeschaut und zeitgleich die Worte: „Das müssen wir aber nicht nochmal essen.", ausgesprochen. Wie viele Kilo Yogurette ich bereits entsorgt habe mit dem festen Vorsatz, nur noch die einzig wahre Sorte „Erdbeere" zu kaufen … Damit ist jetzt Schluss!

„Wer ist eigentlich Paul?"

Zitat aus der Du-darfst-Werbung

„Gestatten: Brot"

Welcher Bäckermeister als Erster auf die Idee kam, den Broten putzige Namen zu geben, will ich nicht nachvollziehen. Ich kann nun entscheiden zwischen Norbert, Paul und Rainer Roggen. Wobei sich die Frage stellt, wieso keine weiblichen Vornamen vorhanden sind. Ich warte darauf, dass Teilchen und vor allem Törtchen entsprechend getauft werden. Seit „Bernd das Brot" hat der Deutschen liebstes Nahrungsmittel nun auch ein Gesicht. Hier gilt wie bei den diversen im Handel angebotenen Sorten: Über Geschmack lässt sich streiten. Früher gab es Weißbrot, Graubrot, Schwarzbrot – und zwar am Stück. Wir haben es mittels einer alten Handkurbel-betriebenen Brotmaschine selbst in Scheiben geschnitten. Dieses olle Ding war ebenso zuverlässig bei Salami und Schinken. Wenn ich so darüber nachdenke: Es fehlt mir geradezu. Wer noch so eine manuelle Schneidemaschine besitzt, möge sie mir bitte schenken.

Bei Aldi tauchte irgendwann das etwas teurere Krustenbrot auf, was dann auch hin und wieder auf den Tisch kam. Eiweiß-, Wurzel-, Ciabatta-, Omega-3-Brot … alle in weiter Ferne. Und satt geworden sind wir allemal.

Ich werde künftig das gute alte Graubrot besorgen und sage dies auch der Bäckereifachverkäuferin einer Backwarenkette. Sie blickt verwundert, als wollte sie sagen: „Ey, können Sie nicht lesen? Steht hier irgendwo Graubrot dran?" und fragt: „Meinen Sie Roggen- oder eher Weizenmisch? Ich habe auch heute ein leckeres Sonnenblumenbrot im Angebot." Ich zeige auf das Brot, welches am ehesten wie ein Graubrot aussieht und während die Verkäuferin es schneiden lässt, denke ich an unseren guten alten Bäcker Asmuth. Bei ihm gab es drei Brötchensorten (normal, Mohn und Sesam) und himmlische Zitronenrollen.

Chemiecocktail

Eins meiner absoluten Lieblingsgetränke – neben trockenem Rotwein – ist ein kalorienarmes, koffeinhaltiges Erfrischungsgetränk. Haben Sie schon einmal im Restaurant oder in einer Kneipe folgendes bestellt: „Ein künstlich aromatisiertes, gesüßtes und gefärbtes Sprudelwasser mit Phosphorsäure, Natriumcyclamat und einer Phenylalaninquelle, bitte."?

Gruselig, nicht wahr? Wie viele Liter dieses Getränks meinen Körper in den letzten Jahren durchlaufen haben? Ich weiß es nicht. Ein wenig beunruhigt bin ich schon nach der Lektüre der Zutatenliste. Diese Menge durch mein anderes Lieblingsgetränk zu ersetzen, wäre sicherlich auf Dauer gesundheitsgefährdend. Aber immer nur fades Mineralwasser? Diese Frage beantworte ich im Sinne des Projektes „Doppeltsowenig" eindeutig mit JA.

Ich denke an einen Spruch meines Großvaters aus meiner Kindheit: „Wasser macht Läuse im Bauch." Dann doch lieber gesunde und fröhlich tauchende Läuse anstelle von Magengeschwüren, oder? Es fällt mir anfangs schwer, mir die künstlich gesüßte Plörre abzugewöhnen. Ich bestelle bei unserem lieben Herrn Seeliger – dem Getränkelieferanten unseres Vertrauens – ein paar Kästen Sprudel mehr und genieße ganz bewusst dieses kühle, perlende Getränk. Nach ein paar Tagen vermisse ich die braune Brause kaum noch. Ab und zu ein Gläschen Wein gönne ich mir immer noch gerne. Und wenn es mal ein bisschen nach etwas schmecken soll, dann löscht ein gut gekühltes, alkoholfreies Bier den Durst am besten.

Ich schäme mich

2 Fruchtjoghurts
200 g Aufschnitt
1 Stückchen Brie
Fleischsalat
Graubrot geschnitten
2 Apfelsinen
1 Gurke (original verpackt)

Was wie ein normaler Einkaufszettel aussieht, ist stattdessen die Menge an Lebensmitteln, die ich heute leider entsorgen muss. Verdorben, abgelaufen, schimmelig. Ich verkneife es mir, diese Menge auf das Jahr hochzurechnen. Hier besteht Handlungsbedarf, da unser Einkaufsverhalten, was Lebensmittel angeht, recht spontan und unüberlegt ist.

Der Essensplan muss dringend optimiert werden.

Übrigens: Wer mir erklären kann, wieso Gurken neuerdings einzeln in Folie eingeschweißt werden, der möge sich melden.

Laut einer Statistik des Bundesernährungsministeriums hat jeder Deutsche 2012 im Schnitt knapp über 80 Kilogramm Lebensmittel entsorgt. Diese Zahl ist erschreckend, vor allem im Hinblick auf die vielen Bundesbürger, die auf die Tafeln angewiesen sind.

Einige Wochen später steht uns ein kleiner Kurzurlaub bevor und nach einem Blick in den Kühlschrank verkünde ich meiner Familie, dass in den nächsten Tagen ausschließlich belegte Brote auf dem Speiseplan stehen werden. In Italien gönnen wir uns dann wieder etwas Warmes.

Separatorenfleisch

Dieses Wort!

Ist! Das! Ekelhaft!

Als Koch-Azubi habe ich vor vielen, vielen Jahren ein Praktikum in einer lokalen Metzgerei absolviert. Freiwillig habe ich dort während der Ferien gelernt, Schweine säuberlich in ihre Einzelteile zu zerlegen. Danach habe ich nur noch die Wurst dieser Metzgerei verspeist und war von den dortigen Arbeitsbedingungen – außer dass es sibirisch kalt war – begeistert.

Einige Jahre später erfuhr ich durch einen Bekannten, der im Fernstudium den Mitarbeiter einer Wurstfabrik kennenlernte, folgendes: „Bei einem Schwein gibt es keinen Abfall." Während ich das schreibe, überkommt mich als bekennendem Fleischesser ein leichter Würgereiz. Die Presse- und Fernsehbeiträge in letzter Zeit machen es nicht besser: Schweineborsten im Brot, Hirn in der Leberwurst ... Kino im Kopf!

Solche Dinge verdrängt man leider nach einer Weile meist wieder erfolgreich. Gammelfleischskandale, BSE und Vogelgrippe haben aus mir noch immer keinen Vegetarier gemacht. Aber was ich letztens in einer Fernsehreportage sehen musste, hat mir den Appetit auf Wurst gründlich verdorben:

Da werden die nach dem Auslösen an den Knochen verbliebenen Muskelfleischreste mittels Zentrifugen von den zuvor zerhackten Knochen gelöst und durch ein feines Sieb gepresst. Diese rosafarbene Restefleischmasse landet dann munter mit in unserer Wurst. Ekelhaft!

Mein Tipp: Auch im Hinblick auf die Figur kaufe ich nur noch Fleisch vom Stück. Aufs Brot kommt Schinken, roh oder gekocht, Braten oder Pute. Kein aus Fett und Resten hergestelltes Fleischbrät im Kunstdarm. Salami – für meinen Sohn unverzichtbar – ist gerade noch drin. Zum Kartoffelsalat gibt es nun halt Schnitzel oder frische Bratwurst. Keinen Bock mehr auf Bockwurst!

Und auch wenn ich analog noch manchmal dem Digitalen vorziehen möchte – beim Käse ist der gute alte Gouda am Stück konkurrenzlos. Vor dreißig Jahren ging es auch ohne 98 Käsesorten.

Noch etwas: Wer die Unsitte zu verantworten hat, neuerdings alles mit Wasabi zu verhunzen, dem möge ein Buckel wachsen.

Fleisch zum Zweiten

Seit mein Mann bekennender „Gasgriller" ist, nehmen wir bei schönem Wetter gerne die Mahlzeiten im Garten ein – oft recht fleischlastig. Doch nach Anschaffung einer Grillbibel probieren wir viele neue Rezepte mit Gemüse und sogar Obst.

Als unser Sohn wieder einmal in Begleitung einer Horde hungriger Jugendlicher auf unserer Terrasse einfällt, besorge ich schnell ein buntes Grillsortiment. Sehr beliebt bei den Teenagern sind die sogenannten Grillfackeln – um Holzstäbe gewickelter, marinierter Bauchspeck.

Grillmeister Johann protestiert und kündigt an, fortan das Zubereiten von fertig gewürztem, mariniertem Fleisch zu boykottieren. „Wer weiß, was für Fleisch die unter dieser Würzpampe verstecken." Ja, wer weiß es?

Er ist der Meinung, dass ein gutes und etwas teureres Stück Fleisch besser *schmeckt* und auch besser *ist*, als pfundweise marinierte Steaks es jemals sein können. Er tritt den Beweis an, indem er saftige Burger grillt, die ausschließlich aus Hackfleisch, Salz und Pfeffer bestehen.

Die Sache mit den Grillwürstchen hatte sich (separat) ja bereits erledigt.

Wenig später berichten die Nachrichten davon, dass gerade in den marinierten Fleischpaketen aus den Supermärkten bei Stichproben vermehrt MRSA-Keime festgestellt wurden …

Dem ist wenig hinzuzufügen.

Partyalarm

Ob der Geburtstag im Familienkreis, die Gartenparty oder der gemütliche Frauenabend – beim Thema Gästeverpflegung legt man sich in der Regel ordentlich ins Zeug. Erfahrungsgemäß ist das mit viel Arbeit und noch mehr Resten verbunden, da man grundsätzlich zu viel kauft und zubereitet. Es muss ja für jeden Geschmack etwas dabei sein, damit niemand hungrig nach Hause geht. Denkt man!

Auch hier rudere ich neuerdings kräftig zurück. Frei nach dem Motto „Retro rockt" lasse ich die guten alten Familienfeiern meiner Kindheit wieder aufleben. Der leckere Nudelsalat à la Mama, dazu flauschige, dick geschnittene Weißbrotscheiben, gute Butter (gab es jemals schlechte?) und ein Pfund Aufschnitt vom Metzger nebenan.

Mein Lampenfieber weicht, als ich sehe, wie unsere Gäste reinhauen. Ein anerkennendes „Endlich mal kein Firlefanz"-Raunen eines männlichen Anwesenden lässt mich gerne darüber hinwegsehen, dass er diesen Satz mit vollem Mund ausgesprochen hat.

Als „Nachtisch" werden später die guten alten Knabberboxen aufgestellt und im Nebeneffekt haben wir alle eine gute Grundlage für die alkoholischen Erfrischungsgetränke.

Es muss wirklich nicht immer das asiatische Dreigang-Menü sein, das stilecht mit Stäbchen gepickt wird – und die Gastgeberin schon während des Verzehrs der Vorspeise vor Erschöpfung fast zusammenfallen lässt.

Die angeschafften Party-Gadgets wie Tisch-Pizzaofen, heißer Stein oder Elektrofondue fristen eh meist ein unbeachtetes Dasein im Keller – genau wie der Schokobrunnen. Unseren haben wir nach einmaligem Gebrauchsversuch mitsamt den noch enthaltenen Schokoladenklumpen entsorgt. Hätten wir direkt nur Obstsalat angeboten, wäre uns eine Menge Stress erspart geblieben.

Im Keller finde ich einen unbenutzten Mandelbräter, den gut verpackten Brotbackautomaten, eine Ersatz-Mikrowelle und eine Zweit-Friteuse. Mithilfe einschlägiger Facebook-Gruppen werde ich versuchen, diese Gerätschaften zu Kleingeld zu machen.

Und am nächsten Sonntag werden Waffeln gebacken!

Kein Alkohol ist auch keine Lösung

Wenn im Wein die Wahrheit liegt, dann muss ich ein sehr ehrlicher Mensch sein, denn einem trockenen Roten bin ich niemals abgeneigt. Doch auch mein Trinkverhalten muss im Hinblick auf mein „Doppeltsowenig" geprüft werden.

Gerade habe ich mit meiner Freundin wieder im schönen Frankfurt an zwei Abenden hintereinander ein paar Fläschchen Merlot geköpft und tagsüber gab es bei einem Fototermin ein gut gekühltes Döschen Prosecco zum Mut antrinken.

Unsere Grillabende werden auch nicht selten von Herrn Dornfelder heimgesucht und bei unserem Lieblingsitaliener lassen wir die Luft gar nicht erst trocken werden, bevor Signore Ramazzotti als Gast des Hauses unseren Tisch beehrt.

Besteht hier schon Handlungsbedarf? Laut Apothekenzeitung auf jeden Fall. Also starte ich einen Auslassversuch und halte erfolgreich eine ganze Weile durch – bis zum nächsten Geburtstagsumtrunk.

Der gute Vorsatz einer Abstinenz zum Jahreswechsel macht bei mir grundsätzlich wenig Sinn, da gerade zum Anfang des Jahres einige Familienfeiern anstehen. Aber die Fastenzeit könnte ich mal dafür einplanen.

Ich möchte an dieser Stelle nicht Wasser predigen und trotzdem meinen Schoppen trinken. Für mich selbst habe ich beschlossen, ein wenig kürzer zu treten. Über die gesundheitliche Relevanz müssen wir nicht diskutieren, dass Alkohol Kalorien enthält, ist ebenfalls eine Tatsache und es geht nichts über einen ruhigen, erholsamen und alkoholfreien Schlaf.

Guten Hunger

Bei dem bestehenden Überangebot an Nahrungsmitteln in allen Preisklassen kann man theoretisch rund um die Uhr essen, ohne pleite zu gehen. Das hätte irgendwann sicher den Effekt, dass man aufgrund mangelnder Beweglichkeit nicht mehr so oft einkaufen gehen kann und somit wieder auf Mahlzeiten verzichten müsste. Auch eine Art Jojo-Effekt.

Doch wie viele Mahlzeiten sind sinnvoll? Die einen schwören auf fünf, andere propagieren die berühmten drei Hauptmahlzeiten morgens, mittags und abends.

Mein Mann isst in der Regel erst ab nachmittags, trinkt dafür vorher viel Kaffee. Mir wird spätestens um zehn Uhr morgens flau – trotz Kaffee. Unser Teenager ist eigentlich immer hungrig, wenn er wach ist.

Ich wähle für mich den goldenen Mittelweg: Morgens Frühstück, ein kleines Mittagessen, nachmittags bei Bedarf Obst oder Joghurt und dann – was sicher nicht optimal ist, aber halt nur so in unsere verschiedenen Tagespläne passt – das Abendessen als Hauptmahlzeit des Tages.

Eine liebe Freundin verweist auf die Ernährungsgewohnheiten unserer steinzeitlichen Vorfahren: Erst sammeln und jagen, dann im Erdofen garen – bis die Herrschaften endlich essen konnten, war Abend.

Ich bin kein Ernährungswissenschaftler und habe in meinem Leben schon viele Diäten nicht durchgehalten. Atkins, Trennkost und wie sie alle hießen ... Ich mag nicht mehr.

Mit dem Wissen um gute und schlechte Nahrungsmittel durch das erwähnte Programm meiner Krankenkasse, welches sich auf die Reduktion von Fett bei den Mahlzeiten konzentriert, und einem Schuss Disziplin was die Süßwaren angeht, verspreche ich mir von diesem „Ernährungsplan der eigentlich gar keiner ist" auf lange Sicht eine Gewichtsreduktion.

Bon appetit.

Sport und Gesundheit

„Qualität kommt von Quälen."

Markus Esser – Trainer meines Sohnes

Leistungssportler

Wer ist dieser Junge, der wie mein Sohn aussieht und gerade seine Sporttasche packt? An meinem Fünfzehnjährigen kann ich mir ein ganzes Pfund Aufschnitt abschneiden. Streng nach Trainingsplan packt er fünfmal pro Woche seine Siebensachen und begibt sich für jeweils zwei Stunden in die Obhut diverser Trainer des TSV Bayer 04. Seit er die Wurfdisziplinen für sich entdeckt hat, gibt er sportlich Vollgas und wächst nicht nur körperlich über sich und mich hinaus.

Meine sportlichen Aktivitäten beschränken sich auf ein gelegentliches Ründchen durch den Bürgerbusch und ab und an einen kleinen Shoppingmarathon. Hier muss sich im Hinblick auf meine Blutwerte unbedingt etwas ändern. Das schreit nach Planung. Für den Anfang besorge ich mir einen Schrittzähler, um zunächst die von mir täglich zurückgelegten Fußwege statistisch zu ermitteln. Ohne Führerschein bin ich in der glücklichen Lage, nicht jede Kurzstrecke fahrend zurückzulegen, wie es in meinem Umfeld gewöhnlich praktiziert wird.

Ein persönliches Highlight war vor vielen Jahren die Fahrt eines Bekannten zum Kiosk, die er aufgrund der räumlichen Nähe direkt von zuhause aus auf dem halben Bürgersteig – ohne komplett auf die Fahrbahn fahren zu müssen – vornehmen konnte. Leider hat ihn dabei eine Polizeistreife beobachtet, was an sich ja nicht problematisch gewesen wäre. Sein Vorglühpegel allerdings hat ihn dann auf den maximal 50 Metern den Führerschein gekostet.

Aber Schadenfreude beiseite: Um direkt Nägel mit Köpfen zu machen, unternehme ich mit meiner Freundin Angelika einen kleinen Marsch nach Opladen, wo wir uns zur Belohnung einen Cafébesuch gönnen. Sie und mein Sohn haben sich spontan in das Ernährungsprogramm meiner Krankenkasse eingeklinkt und zusammen führen wir jetzt Essenspläne, zählen Fettpunkte und besprechen uns regelmäßig bei unserem Lieblingsitaliener, wo wir leckere, fettarme Gerichte ausprobieren, um die wir sonst zugunsten leckerer Sahnesößchen eher einen Bogen gemacht haben.

„Bewegung ist das A und O."

Meine Hausärztin

Alarm

Eine Audienz bei meiner Hausärztin verläuft nicht zu meiner Zufriedenheit. Der sowohl gutgemeinte als auch nachdrückliche Rat, mich mehr zu bewegen und mein Körpergewicht zu reduzieren, lässt meine Alarmglocke schrillen. Ich weiß es selbst, aber wenn man das so vor den Latz geknallt bekommt ... es scheint doch dringend nötig, dass ich an mir arbeite.

Da ich sportlichen Aktivitäten noch nie viel abgewinnen konnte, bin ich jetzt in der Zwickmühle: Was soll ich machen? Wo habe ich eigentlich den Schrittzähler hingetan? Ist Shoppingmarathon Sport?

In der Tagespresse werde ich auf einen Tag der offenen Tür im MediLev aufmerksam, einem dem Klinikum Leverkusen angeschlossenen Ärzte- und Gesundheitshaus. Dass im Veranstaltungsprogramm das böse Wort Adipositas vermehrt vorkommt ... na gut. Ich werde auf jeden Fall hingehen.

Glücklich kehre ich später nach Hause zurück und berichte meinen Männern von den diversen Angeboten. Besonders das Gespräch mit einem Therapeuten des Reha-Zentrums hat mich begeistert. Aqua-Fitness für Dicke zu einem fairen Preis. Mir als Wasserratte kommt das sehr gelegen, denn mein Selbstbewusstsein reicht nicht für den Besuch eines öffentlichen Bades. Man muss es nicht verstehen, aber es ist halt so. Jedenfalls verabrede ich mit ihm, dass ich mich fest anmelde und erledige das bereits eine Woche später.

Fazit nach der ersten Trainingseinheit: Nass, anstrengend, ge-ni-al!

Bittere Pillen

Meist fängt es mit einem Kratzen im Hals an. Kopfschmerzen, die Nase läuft, vielleicht etwas Fieber … natürlich kommt die Erkältung grundsätzlich im falschen Moment. An dem Spruch, dass sie jeweils drei Tage kommt, bleibt und wieder geht, ist erfahrungsgemäß etwas Wahres dran. Wenn wir nur nicht solche Mimosen wären … Also greifen wir umgehend zum praktischen Kombipräparat und schießen mit Kanonen auf erkältete Spatzen.

Die guten alten Hausmittelchen, in Verbindung mit Ruhe, helfen allerdings genauso – viel oder wenig. Mit Zucker gekochte Zwiebeln gegen Husten, heiße Zitrone, Milch mit Honig, japanisches Heilpflanzenöl. In unserem Haushalt alles vorhanden – genau wie Nelkenöl gegen Zahnweh, Haferflocken gegen Sodbrennen und schwarzer Tee gegen Übelkeit.

Natürlich ist es einfacher, eine Pille einzuwerfen, aber mal ein, zwei Tage mit der Wärmflasche im Bett zu verbringen, wirkt Wunder. Und meinem Chef ist es lieber, ich bin fit bei der Arbeit, statt als Tod auf zwei Beinen nichts Gescheites auf die Reihe zu bekommen. Sicher denkt nicht jeder Arbeitgeber so, aber wenn *Sie* mit dem Kopf unter dem Arm bei der Arbeit aufschlagen müssen, wünsche ich Ihnen zumindest viele nette, hilfsbereite Kollegen und gute Besserung.

Bei ernsthaften Erkrankungen gibt es natürlich keine Alternative, als den Arzt aufzusuchen und sich der Schulmedizin anzuvertrauen.

Unterhaltung und Elektronik

Elektronische Freizeitgestaltung

Überaus virtuos bedient mein Sohn in seinem Zimmer von der Schaltzentrale Bett aus gleichzeitig die TV-Fernbedienung und sein Ipad als Steuerung der Beats-Box, während er per Smartphone mit seinen WhatsApp-Gruppen chattet und am Laptop ein Computerspiel absolviert. Beeindruckend oder beängstigend. Das kann man sehen wie man will.

Was haben *wir* eigentlich in dem Alter so gemacht?

Rückblick: Bis zum ersten Gameboy müssen noch ein paar Jahre ins Land gehen, doch Sony hatte bereits Ende der 1970er den ersten Walkman auf den Markt geworfen. Meine Schwester und ich stritten zu der Zeit noch um den gemeinsamen Kassettenrekorder von der Größe eines Aktenkoffers und kloppten uns darum, den eigenen Musikgeschmack durchzusetzen. Nicht selten endete diese Vorstellung mit dem ebenfalls lautstarken Auftritt eines unserer Erziehungsberechtigten und der Konfiszierung des Abspielgerätes.

Subwoofer? Was ist das?

Heute liegen allein in unserem Wohnzimmer fünf Fernbedienungen herum und auch über den Elektrosmog in unserem Schlafgemach möchte ich gar nicht weiter nachdenken. Im Wohnbereich klemmen diverse USB-Kabel, Akku-Ladegeräte, Game-Controller und Fotoequipment in jeweils mehrfacher Ausführung in irgendwelchen Steckdosen und verstopfen zahlreiche Schubladen.

Als eine sinnvolle Anschaffung erweist sich der Kauf mehrerer Mehrfachsteckdosen mit Ein-Aus-Schalter. Ich ordne den Steckdosen diverse Ladekabel zu, die sich komplett abschalten lassen, wenn sie gerade nicht laden müssen. Das spart einiges an Stromkosten. Es gibt nun verschiedene „Ladeschwerpunkte" für Handys (Küche), Laptops

(Wohnzimmer) und Kameras (Esszimmer). Unser Sohn erhält ebenfalls einen Mehrfachstecker für sein elektronisches Equipment.

Einer meiner Nebenberufe innerhalb unseres Hauses ist der des *Abschalters*. Laufende Fernseher ohne Publikum, Beleuchtung in verlassenen Räumen, Standby an ungenutzten Geräten. Britta schaltet aus! Ich drehe abends die Heizungen runter, nehme Ladegeräte, die gerade nicht laden, vom Strom und gehe Mann und Sohn mit meinen diesbezüglichen Predigten auf den Geist. Egal. Energie kostet Geld, wird sogar ständig teurer und so ist es mir die Mühe wert.

Wer hat an der Uhr gedreht?

Mein Mann ist ein Frühaufsteher. Bei mir hängt das extrem vom Vorabendprogramm ab und mein Sohn könnte rund um die Uhr schlafen, was wir ihm (zu seinem großen Bedauern) selbst am Wochenende nicht durchgehen lassen.

Jeder von uns hat einen Wecker, beziehungsweise unser Sohn sein Smartphone, mit den entsprechend eingestellten Weckzeiten. Gute Voraussetzungen also. Mein Mann steht oft vor *seinem* Klingeln auf, was mich dann – wenn er es nicht abschaltet, alle acht Minuten – erheblich früher weckt, als ich es *meinem* Wecker eingebläut habe. Ich stehe um halb sieben auf und wecke dann direkt meinen Sohn „vor". Nützt meist nix, denn er steht erst auf den letzten Drücker auf und sorgt somit für Action in unserem bis dahin beschaulichen Morgenalltag. Aber ich schweife ab.

Einer unserer fleißigen Wecker liegt nun bedauerlicherweise in den letzten Zügen. Er röchelt im wahrsten Sinne nur noch ganz leise vor sich hin und erfüllt somit nicht mehr annähernd seinen Zweck. Ersatz muss her. Leichter gesagt als getan:

Wann haben Sie zuletzt versucht, einen Wecker zu kaufen, der nicht funkgesteuert ist? Das nunmehr einzige verbliebene Exemplar in unserem Haushalt wird von mir gehegt und gepflegt in der Hoffnung auf viele weitere gemeinsame Jahre.

Wir hatten schon einmal einen Funkwecker. Der hat manchmal aus-gerechnet in den frühesten Morgenstunden eine Art Abgleich veranstaltet, und deshalb hin und wieder zu nachtschlafenden Zeiten geklingelt – oder gar nicht. Wir mussten uns von ihm trennen.

Die Retrovarianten vom Flohmarkt kommen auch nicht in Frage. Sie ticken. Nein, sie hämmern! Wie konnte früher jemals jemand bei so einem Lärm ein Auge zumachen?

Ich werde also weitersuchen oder mich mit der Weckzeit meines Mannes arrangieren müssen. Das ist für mich durchaus gewöhnungsbe-dürftig. Als angenehmer Nebeneffekt stellt sich jedoch schnell heraus, dass ich durch diese halbe Stunde mehr pro Tag viel entspannter bin und sich sogar die oben erwähnte Action-Phase dadurch abgemildert hat.

Tonträger

Im Zeitalter der MP3-Player und Smartphones nimmt Musik heut-zutage kaum noch Platz ein. Mein pinkfarbener MP3-Player verfügt noch über ausreichend Kapazität für viele Lieblingssongs. Der Spei-cherplatz unserer deckenhohen CD-Regale allerdings ist erschöpft. Als mein Mann auf die glorreiche Idee kommt, unsere alte Stereoanlage mit Plattenspieler wieder zum Leben zu erwecken, weil „Vinyl" heute wie-der *in* ist, ziehen auch die alten Schallplatten aus der Garage zurück ins Wohnzimmer. Dies nehme ich zum Anlass, wenigstens meine CD-Sammlung (die meines Mannes ist selbstverständlich tabu) zu minimie-ren. Als bekennender Cher-Fan (bla… bla… Sondermüll … geschenkt) besitze ich tatsächlich sechzehn CDs, auf denen sich eigentlich immer wieder (nur anders sortiert) dieselben Lieder befinden. Ein umfangrei-ches Cher-Paket wandert ins Ebay und beschert mir einen netten Erlös. Die restlichen Tonträger diverser Interpreten, die ich aus Gründen der Peinlichkeit lieber verschweige, verkaufe ich über die Internetplattform Momox zusammen mit zahlreichen DVDs und ein paar ausrangierten Computerspielen meines Sohnes.

Wir bekommen zwar nicht viel dafür, aber mehr, als wenn ich sie weggeworfen hätte. Die Abwicklung ist einfach; das Geld befindet sich auch sehr schnell auf meinem Konto. Und vor allem: Ich habe wieder mehr Platz.

Eine Seuche namens Pou

Mein Sohn reicht mir triumphierend mein Handy und präsentiert einen kleinen Klumpen mit großen Augen namens Pou. Ich erfahre, dass man diesen virtuellen Kackhaufen füttern und bemuttern muss, und er dann fröhlich wächst und gedeiht. Da diese sinnfreie App beim Iphone Geld kostet, hat er sie kurzerhand kostenfrei auf meinem Smartphone verewigt. Pou meldet sich nun regelmäßig, wenn er hungrig, gelangweilt oder krank ist – und Frau Heinrichs kümmert sich. Sie kauft Kleidung und Frisuren, besorgt Nahrungsmittel und Medizin, bespaßt ihn und räumt per Fingertippen kleine Köttel weg.

Erst nach Wochen wird mir bewusst, wie bescheuert diese Angelegenheit ist, als ich aus gegebenem Anlass mit unserem Sparkassen-Kundenberater ernsthaft eine Diskussion um das Für und Wider von Pou führe.

Ich stelle zunächst den lästigen Benachrichtigungston ab und überlasse den inzwischen als erwachsen geltenden Haufen weitestgehend sich selbst. Ab und zu erbarmt sich wenigstens mein Stiefenkel und verkleidet ihn mit Vorliebe als Ninja, Batman oder Frau.

Eines schönen Tages, ich öffne gelangweilt die Pou-App, finde ich ein zitterndes, fieberndes (im wahrsten Sinne) „Häufchen" Elend vor. Spontan suche ich nach Nahrung und merke: Ich bin pleite und müsste zunächst ein gewisses Vermögen erspielen, um Essen und Getränke zu kaufen. Dies ist dann das endgültige Ende des kleinen Kackhaufens. Er wird gnadenlos deinstalliert. Interessanterweise vermisst ihn niemand.

Mein Tipp: Entrümpeln Sie ihr Smartphone oder Handy! Adressbuchkontakte, alte Dateien, Klingeltöne und Apps. Vor allem diese Unmengen an Fotos bedürfen meist einer Löschaktion.

Dropbox

Nach Anwerbung durch meinen Chef bin ich zum Inhaber eines irgendwo in den Wolken schwebenden, virtuellen Kartons gekommen, in dem ich alle meine Dateien kostenfrei aufbewahren kann. So habe ich die Möglichkeit, von mehreren Arbeitsplätzen aus auf zuvor dafür freigegebene Ordner zugreifen zu können, um die entsprechenden Dateien zu bearbeiten.

In meiner Dropbox befinden sich nun also Dokumente meiner haupt- und ehrenamtlichen Arbeit, meines Privatlebens und neuerdings auch die Fotos, die von meinem Smartphone ungefragt hochgeladen werden.

So entfällt das umständliche Hantieren mit Speichermedien wie USB-Sticks oder SD-Karten, die man erfahrungsgemäß ständig sucht oder deren Kapazität genau dann erschöpft ist, wenn man etwas draufspeichern muss.

Zum Archivieren der zunehmend digital aufgenommenen Fotos empfehle ich den Einsatz einer externen Festplatte. Dort ist Platz genug für hunderte von Alben – beschriftet nach Ereignis und/oder Jahreszahl.

Projekte, die abgeschlossen sind (zum Beispiel meine Bücher), werden jeweils auf einen beschrifteten USB-Stick ausgelagert und blockieren so keinen weiteren Speicherplatz auf meinem Netbook.

Streicheleinheiten

Besitzen Sie ein Smartphone? Haben Sie ein Tablet? Wie viele Streicheleinheiten bekommen Ihre Displays und wie viele im Vergleich dazu Ihr Partner? Ups … unbequemes Thema?

Wischwisch werden ständig die neuesten Neuigkeiten abgerufen und wischwisch auf den Apps herumgehuscht.

Meine neueste Errungenschaft ist die kostenpflichtige App „SwiftKey", die mir beim Verfassen von Kurznachrichten hilft, da sie sich meine bereits genutzten Worte und Sätze merkt und schon nach der Eingabe weniger Buchstaben erahnt, was ich schreiben möchte.

Trotzdem verschicke ich Nachrichten, die mit Worten gespickt sind, die ich in der Form gar nicht schreiben wollte. Aus ‚Malkurs' wird da schnell mal ‚Markus' und aus ‚verbindlich' wird ‚vernichten dich'.

Mein SwiftKey-Sekretär ist zwar flott (O-Ton: Hintern „hochkrempeln"), aber nicht fehlerfrei. Dabei habe ich ihn, beziehungsweise seinen Entwickler, seinerzeit zuverlässig entlohnt.

Ich muss sicher nicht damit rechnen, dass meine Apps irgendwann einen Betriebsrat gründen; oder doch? Das wäre ungünstig, denn vor einigen Tagen ist nach Pou auch Herr SwiftKey knapp an der fristlosen Kündigung vorbeigeschrammt. Ich unterstelle ihm sogar eine gewisse tiefe innere Bosheit:

Mein Beitrag in Facebook „Nicht vergessen: Heute Kindertrödel im Familienverband!" wäre fast nach hinten losgegangen, da der werte Herr SwiftKey aus „Kindertrödel" mal eben „Kindermörder" gemacht hat. Erst im letzten Moment habe ich diese fiese Frechheit bemerkt.

Böse!

Sollten Sie also Nachrichten von mir erhalten, die in irgendeiner Form verwirrend sind, dann liegt das nicht an meinem Geisteszustand, sondern eher an meiner Unaufmerksamkeit.

Kabelsalat

Beim Ausmisten in Keller, Speicher und Büro finde ich eine Unmenge an Geräteverpackungen, die alleine für den Fall aufgehoben wurden, im Falle einer Reklamation, alles originalverpackt zurückschicken zu können.

Dies ist bisher in keinem einzigen Fall vorgekommen. Innerhalb der ersten sechs Monate nach dem Kauf konnten wir erfolgreich die Gewährleistung des Händlers in Anspruch nehmen, was aber auch nur in zwei Fällen erforderlich war.

In den Kartons befinden sich jedoch außer den üblichen Styropor-stücken und Plastiktüten noch diverse Kabel und Kleinteile. Der Dif-fusoraufsatz meines Haartrockners, Klinkenstecker mit bunten Stöpseln für was auch immer, Telefon- und USB-Kabel sowie katalogdicke Be-dienungsanleitungen in allen Sprachen dieser Welt. Ich tue mich schwer damit, so etwas wegzuwerfen, weil man es ja vielleicht noch gebrau-chen könnte. Da ich nicht plane, in diesem Leben noch finnisch oder koreanisch zu lernen, trenne ich schon mal alle deutschen Seiten aus den Gebrauchsanweisungen und entsorge säuberlich getrennt Papier und Kunststoff. Die Kabel und Zubehörteile packe ich in eine Kiste und verstecke diese ganz oben in einem unserer Wandschränke im Büro. Eventuell kümmere ich mich später mal darum. Seufz!

Mittlerweile existiert in unserem Haushalt eine kleine Kiste voller Mini-Kopfhörer von sämtlichen Mobiltelefonen, die wir jemals beses-sen haben. Außer unserem Sohn benutzt so etwas niemand, und er legt Wert auf stylisches Originalequipment. Einen als Ersatz für den Notfall bewahre ich auf – der Rest wird im Internet angeboten.

Fernsehen

Bei meinen Schwiegereltern läuft der Fernseher rund um die Uhr. Ich habe dort in den vielen Jahren, die wir uns mittlerweile kennen, noch nie einen schwarzen Bildschirm gesehen.

Auch wir verbringen sehr viel Zeit in unserem Wohnzimmer und mein Mann (der Hüter der Fernbedienungen) nutzt dieses Medium ger-ne – vor allem als Einschlafhilfe.

Durch digitales Kabelfernsehen und die Pflichtabgabe der Rund-funkgebühren kostet der Spaß einen ordentlichen Batzen Geld. Was man dafür geboten bekommt, ist manchmal ziemlich grenzwertig.

Ein dekadentes, reiches Ehepaar beim Geldausgeben zu beobachten, oder einer schrecklich(en) großen Familie dabei zuzusehen, wie sie sich aufgrund mangelnder Intelligenz vorführen lässt, erschreckt mich.

Promi-Kochen, Promi-Shoppen, Promi-Quiz … ich weiß nicht, wie es Ihnen geht, aber kennen Sie alle diese „prominenten" Menschen???

Dass eine junge Frau, die als einzige Qualifikation die Bezeichnung „Teppich-Luder" vorweisen kann, noch nach Jahren durch die Niederungen des Fernsehens gereicht wird, und damit anscheinend dickes Geld verdient, finde ich armselig. Selbst der gute alte Tatort ist neuerdings oft eine Zumutung.

Mein Mann bevorzugt langweilige Sportsendungen aller Art und Sitcoms, was sendezeitmäßig häufig mit meiner Vorliebe für Krimis kollidiert. Erfreulicherweise sind wir beide relativ rücksichtsvoll und einer von uns sitzt meist mit einem Buch daneben, wenn der andere gerne eine bestimmte Sendung sehen möchte.

Eine Weile habe ich keine Folge von Shopping-Queen verpasst, aber mittlerweile ist mir meine Zeit dafür einfach zu schade.

Ich habe mir nun erfolgreich vorgenommen, den Fernseher erst abends einzuschalten und nicht mehr wild drauflos zu glotzen. Wofür gibt es eine Programmzeitschrift? Ab und zu veranstalten wir gerne einen gemütlichen DVD-Abend oder schnappen uns Zeitschriften oder Bücher.

Lesen ist sowieso viel interessanter – vor allem, wenn es sich um das Buch handelt, welches Sie gerade in den Händen halten.

Mach mal Urlaub

Ungeduldig sitzen meine Männer umgeben von Gepäck im Auto. Der Motor läuft, es ist sechs Uhr morgens und ich drehe eine letzte Runde durch die Wohnung. Lichter aus, Steckdosen aus, die Rollos runter ... Dann kann es endlich losgehen und wir nehmen Kurs auf die Autobahn in Richtung Ferienwohnung am Comer See.

„Ziehst du es wirklich durch?", fragt mein Ehemann neugierig.

„Ja!!!" – *mit drei Ausrufezeichen!!! – Unterton triumphierend!*

So, wie er zuletzt seine Mitarbeiter in den wohlverdienten Urlaub verabschiedet hat, habe ich es (zugegeben nach längerer Überlegung) mit meinem Mobiltelefon gemacht.

Nach einem letzten Nachrichtencheck liegt es nun ausgeschaltet in einer ruhigen Ecke unserer Wohnung und darf sich erholen. Für einen Zeitraum von zwei Wochen werde ich nicht erreichbar sein – beziehungsweise nur über Umwege. Etwas mulmig ist mir schon, denn normalerweise ist mein Handy immer in Bereitschaft, um mir neueste Informationen und Nachrichten zu übermitteln.

Um nach dem Urlaub nicht von Neuigkeiten erschlagen zu werden, habe ich vorsichtshalber für alle Facebook-Gruppen „nicht mehr folgen" eingestellt und meine wichtigsten Gesprächspartner informiert. Nicht, dass hier noch lose Freundschaften dauerhaft zum Erliegen kommen, weil Frau Heinrichs sich nicht mehr meldet.

In Italien hätte ich aus Kostengründen sicher auf das Datenroaming verzichtet und nur eventuelle WLAN-Möglichkeiten genutzt. Nun also erbarmungslos weder SMS noch WhatsApp – weder Internet noch Telefonie. Und das zwei Wochen lang.

Aber es tut mir sicher ganz gut, eine Weile nicht nur im Comer See, sondern gänzlich abzutauchen.

Ahoi.

Schönheit und Pflege

Rapunzel

„... lass dein Haar herunter"

Ein Märchenprinz

Zusammen mit einer Freundin verbringe ich auch in diesem Jahr wieder eine Woche in Isny im schönen Allgäu. Sie malt, ich schreibe und „nach Feierabend" bummeln wir gemeinsam durchs Städtchen, kochen uns was Leckeres und köpfen die eine oder andere Flasche Rotwein.

Für solche Kurzreisen besitze ich einen speziellen Kulturbeutel – gut bestückt mit allen benötigten Hygieneartikeln in praktischer Reisegröße. Nach meinem letzten Frankfurt-Aufenthalt habe ich leider vergessen, die vorhandenen Bestände zu überprüfen und so neigen sich sowohl Shampoo als auch Deodorant dem Ende. Sparsamer ist in jedem Fall der Erwerb der normalen Packungsgrößen und in einem abendlichen, gemeinsamen Brainstorming versuchen wir, uns an die vor dreißig Jahren erhältlichen Marken zu erinnern, die man auch heute noch in den Regalen findet. Am nächsten Tag will ich also Schauma-Shampoo und das gute 8x4 kaufen. Die Bedeutung dieser Rechenformel haben wir übrigens trotz aufwendiger Überlegungen und Recherchen nicht herausfinden können.

Im Drogeriemarkt angekommen, kann ich es nicht fassen: Das Deo ist schnell gefunden, die Auswahl überschaubar. Doch in der Abteilung „Haare" im oberen Stockwerk gibt es sage und schreibe vierundzwanzig verschiedene Schauma-Sorten. Ungläubig zähle ich die bunte Flaschenvielfalt zweimal nach. Für jedwede Länge und Beschaffenheit von Haupthaar und Kopfhaut, für Männlein und Weiblein, für Kinder und Teenies. Das von mir damals so geliebte Ei-Shampoo finde ich leider nicht und kaufe entgegen meines Vorhabens, auf die einfachen Dinge zurückzugreifen, nach langem Hin und Her das Push-Up-Volumen-Shampoo mit Collagen-Komplex und Intensiv-Pflege-Protein. Es dient dem kraftlosen und müden Haar und irgendwie fühle ich mich entsprechend.

Abends in der Wohnung stellen Angelika und ich uns vor, wie wir nach der Anwendung am nächsten Morgen mit den versprochenen 70% mehr Volumen wohl aussehen werden.

„Die Natur gibt dir das Gesicht, welches du mit zwanzig hast; es liegt an dir, das Gesicht zu bestimmen, welches du mit fünfzig hast.“"

Coco Chanel

Zornesfalte

Im Facebook habe ich die Seite „Zornesfalte" aus der Taufe gehoben. Sie dient dem Austausch über die unnatürlichen Gesichter, die uns aus Prominentenkreisen entgegenblicken. Die Mitarbeiterin eines Privatsenders als Werbegesicht für mittelpreisige Kosmetikprodukte verfügt offensichtlich dank Botox über eine völlig mimikfreie Stirnpartie. Dass sie ihre Augen schließen kann, grenzt meiner Meinung nach an ein Wunder. Ist das glaubwürdig?

Auch eine Noch-Tatort-Kommissarin, die ich mir beim besten Willen nicht anschauen mag, scheint ein übles Lippenproblem zu haben. Frei nach dem Motto: ‚Ich ziehe meine Wangen ein, damit mein Gesicht schmaler aussieht und mache eine Schnute', ist sie so kaum in der Lage, einen Mehrwortsatz verständlich von sich zu geben. Die Drehbuchautoren haben dies offenbar bereits berücksichtigt, denn viel zu sagen hat sie nicht.

Mein Tipp: Back to the Roots. Wir sind so alt/dick/faltig wie wir eben sind. Ich empfehle eine gute Tagescreme – idealerweise getönt – und ein dezentes Make-up abgestimmt auf Haut- und Augenfarbe.

Da in sämtlichen Kategorien immer wieder die preiswerten Produkte in den Testberichten bestens abschneiden, kann ich nur wiederholt Rossmann empfehlen! Bereits im Rahmen meiner Konsumdiät habe ich dort alles gefunden, was ich brauche und so halte ich es bis heute. Und mein lieblings-bronzefarbener Lippenstift von „Rival de Loop" passt einfach zu allem.

Diese neuartige „BB-Cream"-Unsitte, die sich mittlerweile zu CC und DD hochgeschaukelt hat, wird ja Gottseidank irgendwann zu Ende sein. Das gute alte Alphabet gibt halt auf Dauer nicht mehr viel her. AA hat man sich aus nachvollziehbaren Gründen verkniffen und auch HH (geht gar nicht) oder OO (Verwechslungsgefahr) oder PP (bitte englisch aussprechen) werden sicher übersprungen werden. Doch irgendwie bin ich sicher, dass nach der ultimativen „ZZ-Cream für alle Hauttypen und Lebenslagen" etwas Neues folgen wird. Warten wir es mal ab.

„Lebenskunst ist die Kunst des richtigen Weglassens."

Coco Chanel

Regenbogen

Wie war das doch gleich? „Doppeltsowenig" in allen Lebensbereichen?

In einem offensichtlichen Anfall geistiger Umnachtung habe ich beschlossen, künftig auf das Färben meines Haupthaares zu verzichten. Meine Freundin und persönliche Hairstylistin will sich spontan beteiligen. Wir werden endlich die Hypopigmentierung unserer Haare akzeptieren. Mit Mitte vierzig sollten wir so gereift und stark sein, dass wir unsere graumelierten Schöpfe stolz in die Höhe recken können. Ein Friseurmeister begrüßt diesen Entschluss mit der Begründung, dass bereits kurze Zeit nach dem Haarfärbeprozess die chemischen Bestandteile im Urin nachgewiesen werden können. Gruselig.

Auf Facebook ernte ich ausschließlich verständnislose Kommentare, in denen wie ein roter Faden als Stichtag für die Akzeptanz der Haupthaarergrauung „60+" genannt wird.

Mir doch egal!

Kurz nach unserem vollmundigen gegenseitigen Versprechen rufe ich eines schönen Vormittags meine Freundin an, um den Termin unseres bevorstehenden Frankfurt-Trips mit ihr zu besprechen. Zuerst druckst sie am Telefon etwas herum, um mir dann kleinlaut zu beichten, dass ich sie gerade beim Haarefärben erwischt habe. Na toll. Sieht so Solidarität unter Grauwerdenden aus? Sie entschuldigt sich damit, dass sie nicht über genügend Selbstbewusstsein verfügt, um ein halbergrautes Haupt hocherhoben durch die Main-Metropole und schon gar nicht durch unseren Heimatstadtteil tragen zu können.

Da stehe ich nun allein auf weiter Flur mit meinem Drei-Zentimeter-Ansatz in aschgrau an blondverschossener Farbkante.

Als ich wenige Wochen später mit derselben Angelika das langersehnte Shoppingwochenende in Frankfurt verbringe – was bei uns weniger mit Geldausgeben als mit stundenlangem Flanieren und gemütlichem Beisammensein zu tun hat – finden wir in dem neuen Einkaufszentrum im Europaviertel bei COSMO einen ebenso freundlichen wie kompetenten Friseur. Da meine letzte Selbstfärbung durch Sonne, Meer und Chlor leider etwas verschossen ist, und meine Freundin als ausgebildete Friseurin dieses Elend nicht mehr mit ansehen kann, schleppt sie mich kurzerhand in den Laden und dort an das Regal mit den Färbemitteln. Ein netter Friseur mit silbernen Strähnen in einem eisgrauen Undercut bestimmt mit Hilfe kleiner farbiger Haarlöckchen aus einem großen Musterbuch anhand des recht gut sichtbaren Ansatzes meine Naturhaarfarbe. Ein aschiges Grau-Mittelblond. Ist mein vielgepriesener „Goldstich" etwa der Finanzkrise zum Opfer gefallen? Meine Freundin gibt sich als Kollegin zu erkennen und das Fachpersonal diskutiert über meinen verhunzten Kopf hinweg, wobei ich „in den Längen etwas green" vernehme, was man „mit einem Klecks Rot kompensieren" muss, und stutze. Meint der jetzt GRÜN – wie Wiese? Habe ich mich verhört? Als der wirklich attraktive, sehr gepflegte Herr kurz nach weiteren Mustern schaut, boxe ich meiner lieben Noch-Freundin in die Seite: „Hat der gerade GRÜN gesagt? Warum weiß ich davon nichts? Lässt du mich etwa mit grünen Haaren rumlaufen?" Angelika sucht noch nach einer Ausrede, als Herr Cosmo uns triumphierend seine 35-Euro-teure Lösung für mein Haar-Desaster präsentiert. Durch das Färben in meinen Naturton kann ich in aller Seelenruhe den melierten Ansatz nachwachsen lassen. Danach bin ich raus aus der Nummer.

Meine Freundin und ich beschließen kurzerhand, unseren geplanten Fernseh-Antipasti-Abend durch eine Haarfärbe-Session zu ergänzen und erstehen für uns beide die empfohlenen Produkte. Da wir in Frankfurt in der Wohnung meines Schwagers wohnen, haben wir dort alle Möglichkeiten. Die nutzen wir und färben uns gegenseitig – ich zum geplant letzten Mal – die Frisuren. Das Ergebnis kann sich wirklich sehen lassen.

„Bei den Männern zählt die Reife, bei den Frauen die Jugend. Das ist das Unglück."

Coco Chanel

Grauzonen

Zugegeben: Die Sache mit dem Färbeverzicht gestaltet sich schwieriger als gedacht und ich ärgere mich maßlos über mich selbst. Bei einem erneuten Selbstfärbeversuch in einem akuten Anfall von Selbstzweifel ist das Ergebnis leider etwas zu blond ausgefallen. Der kommende Ansatz hat also wieder alle Chancen, ausreichend Beachtung zu finden.

Glücklicherweise steht ein erneutes Frankfurt-Wochenende an, da mein Sohn sich mühsam einen Designergürtel zusammengespart hat, und diesen nun endlich kaufen möchte. Mein lieber Mann nimmt mich in den Arm und steckt mir mit den Worten: „Erholt euch und kauf du dir auch was Schönes!" einen farbenfrohen Geldschein zu.

Dieses Mal machen meine Schwester, David und ich uns also auf den Weg in die Mainmetropole – zwei von uns recht überarbeitet und dringend auf eine kleine Auszeit angewiesen. Das Wetter ist gigantisch und wir durchstreifen unsere Lieblingsstadt ohne Plan und Ziel. Abgesehen von der Designerboutique in der Goethestraße, in die unser jugendlicher Begleiter unbedingt zuerst einkehren muss. Wie man für einen Gürtel, den man in der Regel kaum sieht, soviel Geld ausgeben kann … Jedenfalls trägt er stolz seine braune Papiertüte mit LV-Logo spazieren und ich gönne es ihm von Herzen. Er ist Klassenbester, trainiert wie ein Wahnsinniger und unterstützt mich als Ehrenamtler zuverlässig beim Nachhilfetreff im Familienverband.

Mir dagegen fällt es nicht leicht, die Anweisung meines Mannes zu befolgen. Doch ganz oben auf meinem Wunschzettel steht ein exklusiver Duft, den ich für meinen kommenden Geburtstag eingeplant hatte. Nicht, dass ich nicht genug Parfum hätte … Ich hole mir sicherheitshalber die Zustimmung meiner Shoppingbegleiter ein und gebe ein – für meine Verhältnisse – kleines Vermögen für einen frühlingshaften Duft namens „Jersey" aus.

Sorry, ich schweife ab: Bei COSMO fragen wir nach dem kompetenten Verkäufer vom letzten Mal, erwischen aber stattdessen nur dessen jüngere Ausgabe, die nach dem Vortragen meines Anliegens eine gewisse Fassungslosigkeit kaum verbergen kann:

„Verstehe ich das richtig: Sie wollen nicht? mehr?? färben???" Bilde ich mir das ein, oder wird er gerade blass? Nach einem souveränen Griff in meine Haarpracht stellt er fest: „Vorne sind Sie ja schon ziemlich weiß. Dann sehen Sie direkt dreißig Jahre älter aus!" Das sitzt.

Meiner unwesentlich jüngeren Schwester, die wohlweislich nie gefärbt hat, und selbstbewusst graumeliert durchs Leben geht, prophezeit er eine sofortige fünfzehnjährige Verjüngung, wenn sie sich farblich (am besten umgehend) in seine Hände begeben würde. Ich war nie gut in Mathe, aber wenn ich noch ein paar Mal färbe und wieder damit aufhöre, bin ich bald im Guinness-Buch als die älteste Frau der Welt.

Als ich erneut meiner Forderung nach dem für mich optimalen, meiner natürlichen Haarfarbe entsprechenden Farbton Nachdruck verleihe, resigniert er sichtlich, seufzt tief und empfiehlt mir eine Mischung aus zwei Produkten, die meinem Haaransatz dazu verhelfen, sich unauffällig auf meinem Haupt auszubreiten. Er notiert eine Mischungsanweisung für die Privatfriseurin meines Vertrauens und verabschiedet mich kopfschüttelnd, um sich voraussichtlich umgehend in traumatherapeutische Behandlung zu begeben.

Es ist vollbracht!

Mein Tipp: Stehen Sie zu dem, was Sie sind. Dass man mit zunehmendem Alter grau wird, steht jedem von uns bevor. Frei nach dem Motto: „Immer den Kopf hoch, auch wenn der Hals dreckig ist!", sollten wir so selbstbewusst sein, uns nicht hinter bunten Mähnen zu verstecken. Je weißer das Haar, desto lächerlicher wirken darauf oft die farbenfrohen Tönungen. Natürlich ist das harter Tobak; aber wenn Sie schon färben möchten, dann wählen Sie wenigstens ihren ehemals natürlichen Ton – den Sie anhand Ihrer Augenbrauen gut bestimmen können.

Nichts wirkt tragischer, als die pseudo-jugendliche Mittfünfzigerin mit einem platinblondierten „hinten-Lyzeum-vorne-Museum"-Look, der im Sommer gerne noch zu dünnen Zöpfchen geflochten wird.

Ich bewundere alle Weißen, Grauen und Melierten, und bin gespannt darauf, bald eine von ihnen zu sein. Den zaghaften Kommentar meiner Schwester („Fünfzehn Jahre jünger – dann wäre ich wieder 30...") überhöre ich.

Comeback des Jahres

Fassungslos bleibe ich in einem Laden der preiswerten Kategorie vor dem Regal mit den Körperpflegeprodukten stehen und reibe ungläubig meine Augen. Dann sinke ich in die Knie – weniger vor Ehrfurcht als wegen der Tatsache, dass das Objekt meiner Begierde sich auf der untersten Ebene befindet.

Schwarzkopf kann Gedanken lesen und hat mir mittels einer limitierten Edition einen Wunsch erfüllt und das gute alte Schauma-Ei-Lecithin-Shampoo wieder zum Leben erweckt. Von der Flasche in altbewährter Form blicken mir die alten Original-Werbegesichter mit den Schaummützchen entgegen. Ich fühle mich ein wenig in die Vergangenheit katapultiert und eile mit dieser Trophäe nach Hause, um mir sofort die Haare zu waschen.

Leichtmetall

Heute beschäftige ich mich aus gegebenem Anlass intensiv mit dem Thema Achselhöhle. In einer Fernsehreportage wurde gestern erneut auf die Gefahren von Aluminiumsalzen in unseren Deodorants hingewiesen, die angeblich bei der Entstehung von Brustkrebs eine Rolle spielen sollen. Eine Wissenschaftlerin warnt, die Industrie winkt ab – nichts Genaues weiß man nicht. Aber das reicht bereits aus, um mich in Panik zu versetzen. Eine gute Freundin kämpft gerade in diesem Moment gegen die tückische Krankheit und ich kenne leider Einige, die den Kampf bereits in jungen Jahren verloren haben.

Bezeichnenderweise ist ein Wissenschaftler namens Friedrich Wöhler der Entdecker beziehungsweise Erfinder des Aluminiums. Hier fühle ich mich ein wenig verantwortlich, denn auch ich bin eine geborene Wöhler. Wahrscheinlich keine direkte Nachfahrin dieses Herrn, und in Chemie war ich von jeher eine Niete, doch das Thema interessiert mich. Ein kurzer Blick auf die Zutatenliste des von mir seit Jahren bevorzugten Produkts, welches von einer ehemaligen Tennislegende unermüdlich beworben wird, zeigt deutlich „Aluminium Chlorohydrate". Was jetzt? Ab in die Tonne damit? Welche Alternative kommt für mich in Frage? Das 8x4, welches ich im Zuge des Retrogedankens bereits gekauft, aber bisher nur in Isny benutzt habe, enthält das Metallsalz nicht. Doch welche Produkte sind gut und welche nicht? Schließlich erfüllt das Aluminium im Deo einen höheren Zweck, nämlich den des Antitranspirants.

Ich schwinge mich kurzerhand auf mein Rad und fahre für weitere Ermittlungen zu Rossmann. Dieser Drogeriemarkt ist auch nach meiner Konsumdiät ein vertrauensvoller Händler für mich geblieben und in Bezug auf Körperpflege mein Lieblingsgeschäft.

Systematisch durchforste ich die immense Deo-Auswahl nach Produkten ohne Aluminium und entscheide mich zunächst für vier Deodorants in verschiedenen Preisklassen. Ab morgen werde ich jeden Tag ein Anderes meinem persönlichen Warentest unterziehen. Meine Beurteilungen finden Sie als Anhang. Die Testvoraussetzungen sind folgende: Frisch geduschte Achselhöhlen, ein normaler Arbeits- beziehungsweise Alltag, frisch gewaschene Kleidung und Wäsche, zunächst ein kräftiger und gezielter Sprühstoß am Morgen sowie ein gutes Näschen.

Internetrecherchen zum altbewährten Alaunstein, den ich bisher für ein Naturprodukt gehalten hatte und ursprünglich auch ausprobieren wollte, belehren mich eines Besseren: Die Kristalle bestehen aus Aluminiumkaliumsulfat und sind somit vorab disqualifiziert.

Kleidung

Assimilation

Als ich vor einigen Jahren im Rahmen meiner Konsumdiät versuchte, ein Jahr lang auf den Kauf unnötiger Dinge zu verzichten, fiel mir das unendlich schwer. Oft genug hatte ich vorher neue Klamotten und Schuhe unauffällig in die vorhandenen Bestände integriert, ohne meinem Mann davon zu beichten.

Nach einer kurzen Shopaholic-Phase im Anschluss an mein Projekt hat sich mein Kaufverhalten bezüglich Kleidung, Schuhe und Accessoires schnell wieder normalisiert. Ich kaufe heute bewusster und viel weniger – bei jedem Teil, was mir gefällt, denke ich darüber nach, ob ich es wirklich brauche oder in der Art nicht sowieso schon besitze. Die bekannte Entrümpelungsregel „Eins rein, eins raus" befolge ich ebenfalls. Wenn ein neues Teil Einzug in unser Haus hält, wird ein altes „verstoßen".

Trotz alledem sind unsere Schränke bis obenhin voll und ich fühle mich ebenso überfüllt. Hier muss ich dringend einen Plan entwickeln, um mein Hab und Gut auf vernünftige Art zu reduzieren.

Bei der vorhandenen Menge an Stoff ist kaum noch ein Überblick möglich. Auf unserem Speicher entdecke ich jedenfalls einen Karton voll mit (laut Beschriftung) „Lieblingsstücken", die leider momentan nicht passen, aber an denen mein Herz hängt. Tut es das wirklich?

Wir reden hier von Klamotten! Die nicht passen! Seit Jahren nicht! Die – wenn möglich – wahrscheinlich missbilligend eine Augenbraue hochziehen und mir klarmachen würden, dass ich eine disziplinlose, übergewichtige Person bin. Dass ich mal schlanker war!

Hat schon mal jemand daran gedacht, dass diese „Lieblings"-Kleidungsstücke inzwischen vielleicht aus der Mode gekommen sind?

Mein Schrank ist übervoll mit Sachen, die ich gerne trage und die mir passen. Ende der Fahnenstange.

Der Inhalt des Kartons wandert also zunächst in einen großen, blauen Sack und danach mitsamt diesem in den Altkleidercontainer.

Einmal tief durchatmen!

„Ich werde sie alle in Schwarz stecken!"

Black Friday

Was zur Hölle ist der Black Friday, der mir in zahlreichen Werbemails und Newslettern ans Herz gelegt wird? Schwarzer Freitag? Nie gehört. Meine Lieblings-Internet-Suchmaschine weiß Bescheid:

Laut Wikipedia wird so in den Vereinigten Staaten der Freitag nach Thanksgiving genannt. Er gilt als Beginn der Weihnachtseinkaufssaison mit vielen Angeboten.

Wir haben also jetzt erfolgreich den Schlussverkauf abgeschafft und zelebrieren stattdessen den Black Friday, Spring-Sale, Mid-Season-Sale, und Final-Sale. Mein persönlicher Favorit aber ist der „Cyber-Monday-One-Day-Sale". Na, herzlichen Glückwunsch!

Besonders interessant sind die Wortschöpfungen Herbst-Sale und Sommer-Sale. Wer denkt sich so etwas aus? Wo ist der gute alte Sommer- oder Winterschlussverkauf geblieben, als Scharen von Kunden morgens vor den Kaufhäusern gewartet haben, um Schnäppchen zu machen? Heute ist doch ständig irgendwo eine Ausverkauf- oder Rabattaktion. Kauf drei – zahl zwei!

Der hoheitliche Tipp in allen Foren über Entrümpeln und Minimalismus lautet, sich statt eines Schwungs billiger Plünnen aus dem Discounter, wenige, qualitativ hochwertige Kleidungsstücke zu kaufen. Da man nur einen Bruchteil seines Kleiderschrankinhalts wirklich nutzt, während man die anderen Sachen eher von rechts nach links räumt, kann man diese Schrankhüter auch gleich eliminieren.

Hierfür plane ich einen Großkampftag – oder besser ein Großkampfwochenende ein.

Der perfekte Kleiderschrank

Mein perfekter Kleiderschrank wäre deckenhoch, maßgefertigt und erstreckte sich über die ganze Schlafzimmerwand. Idealerweise wäre er für mich allein. In Ermangelung von Platz (die Räume unseres alten Hauses sind recht klein) und Geld (einen Schreiner können wir uns nicht leisten) und im Hinblick auf unsere schönen alten Bauernschränke ist der Stauraum für Klamotten begrenzt, was sicher ein Hauptgrund für unser Kleiderchaos ist. Alle textilen Sachen würden beim besten Willen nicht in die vorhandenen Kleiderschränke passen.

Da Waschen und Bügeln nicht zu meinen Hobbies gehören, befindet sich normalerweise immer eine Menge Stoff in der Warteschleife. Doch aufgrund meines sich als recht effektiv erweisenden Hausarbeitsplanes drohen die Schränke nun aus allen Nähten zu platzen. Hier besteht Handlungsbedarf und ich nutze dazu ein Wochenende, an dem meine Männer sich sportlich betätigen, indem sie dem Erstligisten unserer Stadt zu einem Auswärtsspiel folgen.

Diesen Postkarten-Spruch möchte ich Ihnen nicht vorenthalten:

„In meinem Schrank hängt Kleidung für 7 Frauen, 5 Größen und 6 Jahreszeiten. Nur für mich ist nichts dabei."

„Mode verschwindet, nur Stil bleibt erhalten."

Coco Chanel

Ausgemustert

Bei dem bunten Chaos in meinem Schrank handelt es sich weniger um Stil als um Stile – und zwar ganz verschiedene. Über *meinen Stil* bin ich mir insofern klar, als ich ständig dieselben Sachen trage (was an sich schon eine erhebliche Menge bedeutet) und der Großteil meiner Klamotten – allen voran die kunterbunten Fähnchen – nur dekorativ herumhängen und allenfalls einmal im Jahr zum Anprobieren und Wiederweghängen hervorgeholt werden. Hier muss und will ich endlich *klar Schiff* machen.

Die vielgepriesenen Zwei-, Drei-, Vier-Kisten-Methoden ignoriere ich in Ermangelung von Kisten. Der Kleiderschrank wird einmal komplett ausgeräumt – die Sachen stapele ich aufs Bett. Das Bügelbrett wird auf- und ein Sack für die Altkleidersammlung bereitgestellt.

Mein Tipp: Vorher gut frühstücken!

Dann probiere ich jedes – aber auch wirklich jedes – Teil an und entscheide spontan: „hopp" oder „top". Die weißen Shirts mit den hartnäckigen Deoflecken: „weg"! Oberteile, die sich beim Waschen verzogen haben, oder jetzt zwar weiter (gut) aber auch entsprechend kürzer (schlecht) sind: „weg"! Hosen, die nicht richtig sitzen, weil der Bund zu hoch, zu niedrig oder zu eng ist: „weg"!

Alle Kleidungsstücke, die passen und mir noch gefallen, kehren in den Schrank zurück.

In einer Folge der Serie „Shopping Queen" durfte ich kürzlich in einen Kleiderschrank blicken, der allein schon durch die gleichen Kleiderbügel sehr ordentlich aussah. Kurzerhand habe ich mich auf einer Handelsplattform im Internet umgeschaut und die für mich perfekte Lösung gefunden. Nun warte ich auf die Lieferung von 100 identischen, rutschfesten und preiswerten Kleiderbügeln – die edle Holzvariante war mir leider zu teuer. Natürlich ist das eine reine Luxusanschaffung, da man die Bügel normalerweise beim Kleiderkauf kostenlos mitnehmen kann, doch der Platzmangel, vor allem, nachdem wir den Schrank, in dem unsere gesammelten Jacken und Mäntel hingen, verkauft haben, ist erheblich. Durch die schmaleren Bügel und ohne die ausgemusterten Kleidungsstücke verspreche ich mir

a) einen Raumgewinn und

b) einen ordentlicheren Gesamteindruck.

Einen ganzen freien Tag verbringe ich später damit, die neuen Kleiderbügel in meinen Kleiderschrank zu integrieren und bin von dem Ergebnis optisch wie räumlich begeistert. Danach tausche ich die klobigen

Bügel in den anderen Schränken ebenfalls aus und bringe den größten Teil unserer Outdoor-Garderobe wieder gut unter. Einige Jacken, die ich länger nicht mehr getragen habe, müssen leider das Haus verlassen.

Im An- und Verkauf gebe ich sie kurzerhand in Kommission und erwarte Erlöse zwischen fünf und zehn Euro pro Stück.

Eine große Kiste ausgemusterter Kleiderbügel verschenke ich mithilfe der Facebook-Gruppe „Nettwerk" an eine nette Frau aus unserem Stadtteil.

Eine Zeitlang geistert der Gedanke durch meinen Kopf, einfach nur noch Jeanshosen und schwarze Oberteile zu tragen. Nie mehr überlegen: „Was ziehe ich an?" und ich müsste mir aufgrund der bereits vorhandenen Stückzahlen nicht mal was Neues kaufen.

Gut, man könnte noch weiße Oberteile einbeziehen ... und schwarze Hosen für „schick" ... und ... ich glaube, ich lasse es besser.

Oder verschiebe das Vorhaben zumindest auf später, wenn ich hoffentlich auf einer höheren Ebene von „Doppeltsowenig" angekommen bin.

Die Hosenmarotte

Ein netter Mann aus meinem näheren Bekanntenkreis besitzt nach eigenen Angaben etwa 90 Hosen – in Worten „NEUNZIG"! Wir reden hier ausschließlich über Herrenoberbekleidung.

Damit nicht genug: Um den Überblick zu behalten, pflegt er eine Datenbank, in der jedes einzelne Exemplar aufgelistet ist.

Damit noch immer nicht genug: Jeden Tag wird die jeweilige Auserwählte gewissenhaft in diese Tabelle eingetragen. So lässt sich genau auswerten, wie oft welches Beinkleid wann getragen wurde.

Schräge Idee – und ich überlege ernsthaft, sie auf meine gesamte Garderobe zu übertragen. Es wäre dadurch sehr leicht, die Teile, die nicht oder fast nie getragen werden, auszusortieren und meine Lieblingsstücke herauszufiltern. Aber bei der Menge ... wie lange würde ich wohl brauchen, alles einzugeben? Nähme die Verwaltung nicht viel zu viel Zeit in Anspruch? Vor allem, wenn ich mich beispielsweise zwischendurch umziehe ... Gibt es für so etwas Computerprogramme oder Apps?

Übersicht

Ich sitze am Fußende unseres Bettes vor meinem offenen Kleiderschrank, der auch nach der ersten Ausmist-Aktion noch ziemlich voll ist, und denke nach. Auch wenn mir die Stücke alle gut gefallen – wenn ich sie nicht trage, haben sie auch nichts mehr hier zu suchen. Wie gerne würde ich noch weiter reduzieren. Mist, ich kann mich einfach sehr schlecht von etwas trennen.

Kurzerhand drehe ich alle Bügel so, dass sie von hinten auf die Kleiderstange gehängt werden. Jedes Teil, das nach dem Tragen gewaschen und gebügelt wieder in den Schrank wandert, wird dann wie üblich von vorne eingehängt. Damit beeinträchtigt sich zwar nach und nach das durch die neuen Bügel gleichmäßige Erscheinungsbild; aber alle Kleidungsstücke, die nach einem noch zu bestimmenden Zeitraum noch immer „von hinten" hängen, werde ich einer erneuten, kritischen Prüfung unterziehen und entsorgen. Versprochen!

Vor kurzem las ich von einem jungen Mann, der erfolgreich seinen gesamten Besitz auf unter hundert Teile reduziert hat. Ich erinnere an die neunzig Hosen.

Dabei ist er aber kein Asket, der im Wald seine Kräuter und Pilze pflückt. Nein, der Mann arbeitet, lebt gut, bestellt beim Pizzadienst und das Geld, welches er durch seinen reduzierten Lebensstil einspart, investiert er in Reisen. Er schafft einfach nichts an, was nicht wirklich notwendig ist. Dabei spielen Gedanken wie „die Welt retten" keine Rolle. Der junge Mann hat durch diese komplette Kehrtwende im Leben einfach sein persönliches Glück gefunden.

Schuhe sind Rudeltiere

Dieser geniale Postkartenaufdruck spricht mir aus der Seele. Meine Herde verteilt sich auf drei kleine Schuhschränke und ein Regal im Treppenhaus sowie ein paar Boxen unter dem Kleiderschrank. Die Winterschuhe befinden sich im Keller, genauso wie die Sommerschläppchen. Seit meiner Konsumdiät hat sich der Bestand erheblich dezimiert, aber das Rudel ist noch immer recht groß. Hin und wieder gibt es Nachwuchs.

Das Pa(a)reto-Prinzip lässt sich – kleine Wortspielerei – auch auf mein Schuhnutzungsverhalten übertragen: Ich trage, wenn überhaupt, zwanzig Prozent meiner Schuhe regelmäßig in achtzig Prozent der Zeit. Die anderen sind sozusagen Reserve. Einige wenige Paare dürfen zu besonderen Anlässen mal an die frische Luft und verschwinden dann schnell wieder in der Versenkung – bis ich nach circa einem Jahr die inzwischen verheilten Blasen vergessen habe und die Pumps eine neue Chance bekommen.

Bewährt hat sich die Methode, alle Schuhe der Reihe nach einen ganzen Tag zu tragen und dann schon mal die Paare auszusortieren, die Schmerzen oder Blasen verursachen oder schlicht und einfach nicht bequem sind. Ja, sie haben Geld gekostet, aber Lagerplatz kostet in der Regel auch Geld und für neuwertige Schuhe bekommt man bei Internetauktionen zumindest noch eine kleine Entschädigung – besser gewählt wäre in einigen Fällen das Wort Schmerzensgeld.

Schon nach wenigen Tagen mussten einige Paare das Rudel verlassen. Diese Schwächlinge haben nicht mal eine Stunde durchgehalten. Autsch. An dieser Stelle empfehle ich aus gegebenem Anlass gerne das Eisgel von Scholl – ich liebe es.

Mir fallen auch viele Schuhe vor die Füße, die mir eigentlich gar nicht mehr gefallen. Weil sie zum Beispiel längst ausgelatscht sind oder die Form überhaupt nicht mehr schick ist. Bikerboots passen außerdem gar nicht zu mir – ebensowenig wie Chucks.

Schon bald ist mein Rudel deutlich kleiner und ich als Rudelführerin merklich entlastet. Wer putzt schon gerne Schuhe?

Accessoires

„Ein Mann kann anziehen, was er will –
er bleibt doch nur ein Accessoire der Frau."

Coco Chanel

Gesucht und gefunden

Eins meiner Lieblings-Luxus-Probleme ist die Handtaschenwahl. Auf der Suche nach der perfekten Tasche sind schon einige Exemplare bei uns eingezogen, die nun sorgfältig gestapelt in diversen Schrankfächern lagern, weil sie dann doch den Alltagstest nicht bestanden haben.

Mit meiner Schwester in Bergisch Gladbach unterwegs, stöbere ich in der Mitte der Fußgängerzone in einer sehr großen Auswahl und DA IST SIE: Unauffällig und dezent hängt sie inmitten einer riesigen Auswahl. Dunkelbraun (Wunschfarbe) und mit der idealen Aufteilung. Mein Tablet findet optimalen und gepolsterten Platz. Auf der Vorderseite drei Fächer für Handy, Busfahrkarte und Einkaufswagenchip. Es steht nicht mein Name drauf, aber der eines etablierten Kofferherstellers. Mehrere Fächer für den ganzen Kleinkram, den ich so mitschleppe, sind vorhanden und das Material (Nylon) praktisch und fast unverwüstlich.

Eine sehr nette und bemühte Verkäuferin nimmt mich nebst Tasche in ihre Obhut und auch meine Schwester findet Preis und Leistung mehr als ausgewogen. Gekauft!

Im Gegenzug eröffne ich später sage und schreibe fünfzehn Auktionen bei Ebay und verkaufe die oben erwähnten Marken-Handtaschen, die sich für mich persönlich als unpraktisch erwiesen. Der Erlös eine Woche später lässt leider zu wünschen übrig, aber ein ganzes Schrankfach ist leer und ich bin meinem Ziel wieder ein großes Stück näher gekommen.

Es entsteht sogar ein netter Kontakt zu einer der erfolgreichen Bieterinnen aus einem anderen Bundesland. Einfach schön.

Portemonnaie

In meiner jeweiligen Handtasche ist gewöhnlich allerhand los. Neben den üblichen 1001 Sachen, die man meist unnötigerweise mit sich herumträgt, findet man *das* Portemonnaie, dazu noch ein Kleines für Münzen und Einkaufswagenchips, je ein Mäppchen für Visitenkarten und Kundenkarten, die in der Geldbörse keinen Platz mehr finden, lose Kassenbons und eine Plastikhülle mit Fotos.

In meinem Besitz befinden sich acht Portemonnaies, die für sich gesehen zwar schön sind, aber auch genauso unpraktisch weil: zu klein, zu groß oder defekt. Defekt! Das muss man sich mal überlegen. Wieso bewahrt man Gegenstände auf, die kaputt sind?

Eine Bekannte meldet mich freundlicherweise mit an zu einem Trödelmarkt in einer wetterunabhängigen Halle. Dort verkaufe ich erfolgreich diverse Börsen und noch ein paar alte Handtaschen und dezimiere so noch einmal erheblich meinen Bestand.

Von dem Erlös erstehe ich das ultimative Portemonnaie. Es bietet Platz für alle Karten, zahlreiche Fotos, natürlich Münzen und eine Notfalltablette gegen Durchfall. Es ist aus echtem Leder, zeitlos und geräumiger als alle meine vorherigen Geldbörsen zusammen. Herr Cardin hat sich hier selbst übertroffen. Aus acht mach eins!

In unserem Italienurlaub am Comer See unternehmen wir einen Tagesausflug nach Mailand. Unser Sohn hat sich in den Ferien etwas Geld verdient und mit seinen Ersparnissen und dem Zeugnisgeld von Oma und Opa ein nettes Sümmchen zusammen. Dies möchte er in ein Portemonnaie der Luxusmarke Luis Vuitton investieren. Er als Teenager benötigt inzwischen fast mehr Kartenfächer als ich. Schülerausweis, Konto-, Bus- und Kantinenkarte, Ausweise der Sportvereine … Seine neue Errungenschaft (ohne Münzfach!) kostet dreistellig und hätte der Mademoiselle Chanel gefallen.

Auch mein Mann hat sich auf einem italienischen Markt ein neues Portemonnaie gegönnt. Echtes Leder – zwanzig Euro. Erst, als er seine alte Geldbörse ausräumt, fällt deren erbärmlicher Zustand auf. Es wird praktisch von den enthaltenen Karten und Papieren überhaupt noch zusammengehalten und zerfällt unter unseren erstaunten Blicken in einzelne Teile.

Dem anschließenden Vortrag über die Notwendigkeit von Neuanschaffungen lauschen wir etwas zerknirscht und diskutieren das Thema dann mit unseren Freunden in der italienischen Abendsonne vor deren Wohnmobil bei einer Flasche Wein.

„Eine Frau, die kein Parfum trägt, hat keine Zukunft. "

Coco Chanel

Duftwässerchen

Meine Vorliebe für Chanel schlägt sich vor allem im Kauf von Düften nieder. Die Duftreihe „Le Exclusifs" hat es mir besonders angetan. Der Preis für diese Flacons ist immens, weshalb ich mir den Duft mit Namen „1932" in Form von Geld zum Geburtstag wünschte und auch bekam. Zwar fühle ich mich in einer Chanel-Boutique grundsätzlich wie der Elefant im Porzellanladen, aber ich bin überglücklich, diesen edlen Duft dort kaufen zu können. Vor allem, weil das Parfum ein gemeinsames Geschenk all meiner Lieben ist.

Zwischen den vorwiegend asiatischen Touristen, die innerhalb von Minuten vier- bis fünfstellige Summen für Handtaschen und Kleidung ausgeben, werde ich mit meinem recht spartanischen Wunsch jedoch ebenso zuvorkommend und höflich behandelt. Die Chanel-Boutique in Frankfurt ist einfach mal einen Besuch wert. Und man kann die Düfte auch vorab testen und freundlich verabschiedet wieder gehen. In Düsseldorf hatte ich einst andere Erfahrungen gemacht …

Ein Tipp: Anstelle von vielen billigen Wässerchen kaufen oder wünschen Sie sich *den einen Duft*, der Sie glücklich macht und genießen ihn bis zum letzten Tropfen. Qualität statt Quantität hat sich bisher immer ausgezahlt.

Mein nächstes Parfum steht bereits fest: Ich muss Chanel einmal untreu werden und einem italienischen Designer meine Aufwartung machen, dessen Duftkreation mir zufällig an der Nase herumgeführt wurde. Aber das hat Zeit …

„Schmuck soll einen nicht wohlhabend erscheinen lassen, sondern schmücken. Deshalb habe ich immer gerne falschen Schmuck getragen. "

Coco Chanel

Pretiosen

Hätte ich *das* gewusst. Dieses Zitat von Madame Chanel kannte ich leider bisher nicht. Erst vor kurzem habe ich meinen gesamten Mode- und Echtschmuck gesichtet und mich im Sinne meines Projektes von vielen Stücken getrennt.

Mein Mann ist ein Goldstück und schenkt mir gerne Schmuck. Seit einer Farbberatung weiß ich, dass ich ein Herbsttyp bin und somit Goldschmuck am besten zu mir passt. Den trage ich auch sehr gerne und habe ein paar Lieblingsstücke, die mein Mann mir in der Türkei gekauft hat, zum Beispiel ein in Gold gefasstes, türkisches Auge, ein sogenanntes Nazar-Amulett.

Daneben besitze ich sowohl hochwertigen als auch Unmengen an preiswertem Modeschmuck mit bunten Perlen oder Colliers mit verschiedenen ausgefallenen Anhängern. Dazu diverse Ringe und Armbänder, nicht zu vergessen die Armbanduhren.

Hier zu reduzieren, sollte nicht schwerfallen. Vor allem, da ich meinen Schmuck selten wechsle. In der Regel trage ich ein Kettchen mit besagtem Anhänger, einen Ring, den mir meine Freundin geschenkt hat sowie den Ehering, eine Armbanduhr und kleine, goldene Creolen. Die Armbänder wechseln je nach Kleidung.

Alle unechten Schmuckstücke trage ich aus den verschiedenen Ecken unserer Wohnung zusammen und breite sie auf dem Bett aus.

Eigentlich gefallen mir die Sachen noch, vor allem die verschiedenen bunten Perlenketten, die in der Tür meines Kleiderschranks an einer Krawattenhalterung säuberlich aufgereiht hängen. Doch es sind definitiv zu viele!

Da ich mich beim besten Willen nicht entscheiden kann, auf welche der Stücke ich zukünftig verzichten will, nehme ich alle mit auf einen Flohmarkt, wo ich zusammen mit Freundinnen einen Stand gemietet habe. Dort biete ich sie zum Kauf an. Sollen doch die anderen entscheiden, welche der Ketten ich behalten darf. Auf diese Art wechseln einige Pfund Modeschmuck den Besitzer und ich fühle mich wieder einmal merklich erleichtert.

Die hochwertigeren Stücke, die von diversen Schmuckparties stammen, mir aber nicht mehr gefallen, stelle ich in Ebay ein, wo sie erfahrungsgemäß gute Erlöse erzielen.

Ein Tipp: Zur Aufbewahrung besonders zierlicher Perlenketten habe ich mir im Schreibwarenhandel ein preiswertes, magnetisches „Whiteboard" gekauft. Daran „kleben" diese kleinen, runden, ebenfalls magnetischen Gewürzdosen aus Metall mit durchsichtigem Deckel, die es günstig in den Haushaltswarenabteilungen diverser Billigläden gibt. So besteht nicht die Gefahr, dass die dünnen Schnüre bei hängender Aufbewahrung reißen, und das Ganze ist zudem noch ein schöner Blickfang.

Tücher und Schals

Eine meiner Schwächen ist meine Vorliebe für alles, was man sich um den Hals wickeln kann. Eine kleine Inventur liefert ein erschreckendes Ergebnis. Wenn ich alle aneinander knote, kann ich mich damit von einem Hochhaus abseilen.

Halstücher, Schals (selbstgestrickt und selbstgekauft) aus allen erdenklichen Materialien von zarter Seide bis zu grober Wolle in Massen. Alle Farben und unzählige Muster sind vorhanden. Den Neuesten habe ich gerade erst in Frankfurt erstanden – runtergesetzt und orientalisch bunt. Diese Menge Stoff nimmt ganz schön viel Platz ein.

Von einigen Designerstücken möchte ich mich niemals trennen, aber viele preiswerte Tücher haben so nebenbei zusammen mit einem Basic-Oberteil den Weg in unser Haus gefunden und sind teilweise noch ungetragen. Die riesige Auswahl macht es außerdem nicht wirklich leicht, morgens einen Tagesfavoriten zu wählen.

Also hole ich alle Schals und Halstücher zusammen und breite sie auf dem Bett aus. Wahnsinn! Ich muss mich erst mal setzen. Diese Menge ist erschreckend. Die eins, zwei, drei, vier Kisten-Methode kann mich mal. Ich nehme einen kleinen Koffer (ungenutztes Werbegeschenk) und lege alles, was ich spontan entbehren kann, hinein. Den Rest sortiere ich nach Farbtönen und entscheide mich in einem zweiten Durchgang für jeweils ein Teil pro Farbe.

Von den gestrickten Schals behalte ich nur die aus hochwertiger, japanischer Noro-Wolle. Dieses (leider recht teure) Garn hat pro Knäuel teilweise zwanzig Farbtöne und lässt sich wunderbar verarbeiten. Suchtfaktor garantiert.

Da ich jedoch seit Jahren bunte Schals für den Weihnachtsmarktstand der Suchthilfe Leverkusen stricke und häkele, schließt sich hier der Kreis, alternativ der Loop.

Netzwerke

Wer wen kennt ...

Ich bin beliebt, sogar sehr beliebt. Ich habe insgesamt vierundneunzig Freunde und Bekannte im weltweiten Netz. Eigentlich nur in einem deutschlandweiten sozialen Netzwerk. Geschmeichelt fühlte ich mich bereits, als ich zu der Mitgliedschaft eingeladen wurde. Meine ehemaligen Kolleginnen erreicht man jetzt trotz allseits unveränderter, privater Emailadressen nur noch übers Netzwerk.

Vor kurzem hat mich Diana gefunden und ich freue mich wie ein kleines Kind. Vor etwa sieben Jahren stand ich ihr im größten Liebeskummer bei und trieb dabei meine Telefonrechnung in astronomische Höhen. Zum Dank hat sie bei Ihrem Umzug in eine andere Stadt den Kontakt abgebrochen. Doch jetzt will sie wieder meine Freundin sein und ich klicke sofort meine Zustimmung über den Server.

Auch Margit aus Ostdeutschland ist meine Freundin. Als sie mich kontaktiert hat, musste ich erst einmal überlegen, wer sie ist. Nach zwei Tagen Forschungsarbeit in ihrem Profil mit dreihundertzweiundsechzig Freunden fiel der Groschen: Mein Mann hat vor Jahren ihre Freundin im Urlaub kennengelernt. Dieser Kontakt ist zwar mittlerweile abgerissen, aber Margit, mit der ich mich nur kurz auf der Hochzeit besagter Freundin unterhalten habe, gehört nun zu meinem illustren Freundeskreis. Meine freundliche Nachricht mit der Frage, wie es ihr denn inzwischen so ergangen ist, hat sie leider nicht beantwortet.

Die nette Julia, die Exfrau eines Freundes meines Mannes, kann man ebenfalls unter meinen Bekannten finden, obwohl ich faktisch nie ein Wort mit ihr gewechselt habe. Ohne das Profil wüsste ich nicht mal ihren Vornamen.

Ein flüchtiger Bekannter, den ich wegen seiner netten Art zu meinem Netzwerk-Freundeskreis zähle, lässt mich im wirklichen Leben aus nicht erklärbaren Gründen schnell einen anderen Weg einschlagen, wenn ich ihn von weitem in der Stadt erblicke. Für ein Gespräch von Angesicht zu Angesicht reicht es dann doch nicht.

Doch das Netzwerk wäre kein Netzwerk, wenn es nicht auch nützlich wäre. Als uns in der Vorweihnachtszeit irrtümlich ein Paket mit offensichtlich hochwertigem Inhalt zugestellt wurde, konnte ich mit Hilfe von „Wer kennt wen" Kontakt mit der rechtmäßigen Eigentümerin aufnehmen. Auch sie zähle ich seitdem zu meinem Freundeskreis, obwohl ihr Dank, als ich ihr das ziemlich schwere Paket sogar nach Hause lieferte, meiner Meinung nach etwas sparsam ausfiel. Danke und Tschüss!

Gutes Stichwort! Damit reichte es mir dann auch! Diesen ersten Ausflug ins soziale Netz habe ich abrupt beendet und mein Profil gelöscht, was von Seiten des Anbieters eine gewisse Fassungslosigkeit auslöste: „Wollen Sie ihr Profil wirklich und unwiderruflich löschen? Überlegen Sie sich das genau!"

Geschenkt.

Facebook

Als mein Sohn das Pubertätsalter erreicht hatte, und „unbedingt" ins Facebook musste, „weil alle drin sind", habe ich mich erneut mit dem Thema soziale Netze befasst:

Meinen einzigen und geliebten Sohn unbeaufsichtigt in diese gefährliche Welt zu entsenden, bereitete mir schlaflose Nächte. Wir machten einen Deal und meldeten uns beide in Facebook an. Mit unseren Klarnamen – meine Bedingung! Als Freunde – ebenfalls meine Bedingung! Ich erklärte meinem Sohn die von mir gewünschten Verhaltensrichtlinien auch im Hinblick auf seine zukünftigen Ausbilder und Arbeitgeber und wir machten uns mit den Gepflogenheiten dieser Plattform vertraut. Mein Mann lässt sich bis heute nicht überreden, uns zu begleiten.

Ich fand und wurde schnell gefunden und freue mich über die wiedererwachten Kontakte zu ehemaligen Kollegen, die in ganz Europa verstreut sind, und die ich auf normalem Wege wohl nie wieder treffen würde. Natürlich nutze ich Facebook auch als Werbeplattform für mich und meine Aktivitäten als Autorin.

Hier ein interessanter Dialog – entstanden eines Nachts um halb eins:

> Die Blockierfunktion im Facebook wäre im richtigen Leben ganz praktisch. Hihihi. „Wo ist eigentlich die Britta?" – „Wieso, die steht doch hier! Hat dich wahrscheinlich blockiert."

> Hahaha. Das wär' was. Oder schon alleine das „unfriend". Nix lange Worte, keine Ausreden, warum man zum wiederholten Mal nicht zum Dia-Abend kommen mag. Zack: „unfriend" und die Sache ist geklärt. lol

> Ja, und Kommentare einfach ausschalten. „Wieso antwortest du nicht mehr?" *grins*

> Oder bei Gesprächen die Zuhörer „in Gruppen" einteilen. Manche eben in „eingeschränkt", wo man mich nur als stummes Standbild sieht, während ich anderen im Kreis schmutzige Witze erzähle. Hahahaha.

> Bei Partys gibt es „Like"-Buttons zum Verteilen, um dann zu sehen, wer der Beliebteste ist. Alle sind wunderschön dank Photoshop und wenn ich pöbeln und mich betrinken will, komme ich als mein anonymes Zweitprofil.

> Hahahaha! Die Like-Buttons wären echt nett. Oder auch einfach die Chroniken Fremder mal kurz zu checken, um somit gleich mal eine grobe Vorstellung über bestenfalls den IQ und schlimmstenfalls intimste Details zu bekommen. *tränenlach*

> Sehr schöne Idee. Wir sehen uns dann auf meinem anderen Account wieder.

Aus gegebenem Anlass

Die Aktivitäten verschiedener Bekannter – vor allem im Jugendbereich – machen mir Angst. Alleine die Profilbilder einiger Mädchen im Teenageralter lassen mich auf Knien dafür danken, dass ich einen Sohn habe und keine Tochter. Kinder, zieht euch doch bitte was Anständiges an! Mein Sohn sieht das eher pragmatisch und zeigt mir auf seinem Mobiltelefon einschlägige unbekleidete Körperteile einer Mitschülerin. Mir graut es!

Das nehme ich zum Anlass, für das Jahrbuch der Schule einen Beitrag zum Thema zu verfassen und eine Art Workshop zu entwickeln. Anlässlich der Buchwoche „LevLiest" bekomme ich die Gelegenheit, in allen achten Klassen einer großen Leverkusener Schule mit den SchülerInnen entsprechend zu arbeiten. Die Resonanz ist verblüffend. Ich erfahre aus erster Hand, dass es momentan an einem Städtischen Gymnasium *in* ist, sich per „Selfie" oben ohne zu fotografieren und diese Bilder mit den Freundinnen zu tauschen. Die jeweiligen Klassenlehrer blicken ausnahmslos entsetzt.

Meine Präsentation einer Bewerbung um einen Praktikumsplatz – zunächst in neutraler Form und im zweiten Durchlauf versehen mit den „passenden" Fotos aus dem Netz – sorgen natürlich für viele Lacher.

Aber ich bin sicher, dass ich doch einige der Jungen und Mädchen ein wenig wachrütteln kann im Hinblick auf das Bild, was sie von sich öffentlich machen. Im Anhang finden Sie ein paar „Regeln" für Teenager zum Umgang mit sozialen Netzen.

Nettes Netzwerk

Für viele Städte gibt es bereits Facebook-Gruppen mit dem schönen Namen „Nettwerk". Auch in Leverkusen hat ein netter Mensch eine Gruppe dieses Namens gegründet, die in erster Linie dem Austausch von Erfahrungen und Dingen dient. Oberstes Gebot ist die *Nettikette*, die Verhaltensregeln im Umgang miteinander, auf deren Einhaltung die

Administratoren akribisch wachen: Man begrüßt sich nett und achtet auf seine Worte. Niemand wird beschimpft und jeder, der Rat braucht, kann seine Frage in der Gruppe stellen oder seine Sachen zum Kauf oder Tausch anbieten. Im Rahmen von „Doppeltsowenig" habe ich einige Dinge bereits erfolgreich angeboten und Kontakt zu fast ausschließlich netten Leuten bekommen.

Lediglich ein Gruppenmitglied scheint sich ein wenig auf mich eingeschossen zu haben und teilt dies hin und wieder in ebenso dummen wie überflüssigen Kommentaren mit, die von den Admins regelmäßig gelöscht werden.

Doch was bewegt jemanden, sich gegenüber einer gänzlich unbekannten Person so zu verhalten? Es fällt mir auch in anderen Threads immer häufiger auf, dass die Kommentare oft abdriften und sogar in Beschimpfungen münden. Bezeichnenderweise agieren diese oft pathologischen Mobber nicht unter Klarnamen sondern haben sich einen Phantasienamen zugelegt.

Mein „Gegenspieler" ist zusammen mit Partnerin wenigstens gut auf dem Profilbild zu erkennen und ich habe ihn tatsächlich in Natura als Händler auf dem Neustadtfest erkannt – und ein wenig beobachtet. Er wirkte eher unscheinbar und gehemmt neben einer sehr attraktiven und eloquenten Freundin. Liegt da schon die Erklärung? Kann man sich anonym im Netzwerk mal so richtig stark und überlegen fühlen, indem man versucht, andere niederzumachen?

Ich bin kein Psychologe. Es kann mir auch egal sein. Facebook bietet schließlich jedem Nutzer die Blockierfunktion an, die ich in diesem Fall auch nutze. Man bedauert, dass ich auf der Plattform unangenehme Erfahrungen machen musste und verspricht mir, mich in Zukunft vor besagter Person zu schützen.

Danke und lebewohl.

Schall und Rauch

Irritiert oder besser gesagt fassungslos sitze ich gemütlich in unserer Sofaecke, nachdem ich während einer Werbepause schnell mal gecheckt habe, was es im Facebook Neues gibt.

So wurde ich durch den Kommentar einer mit mir befreundeten Person auf einen Beitrag im Nettwerk einer Domstadt am Rhein aufmerksam, der sinngemäß wie folgt lautet:

„In zwei Monaten wird meine Freundin ein Kind bekommen und uns fällt für den hochwohlgeborenen Stammhalter kein Name ein. Bitte macht mal Vorschläge." Altdeutsche Namen, Doppelnamen und interessanterweise *Kevin* sind von vornherein ausgenommen.

Zuerst überlege ich, ob das wohl ein Witz, eine Satire oder gar eine Recherche für die Masterarbeit eines Soziologiestudenten ist, aber ein Blick auf das Profil des Hilfesuchenden überzeugt mich schnell: Das ist wirklich ernst gemeint. Weit über hundert Kommentare in Form von Vornamen aus aller Herren Länder beziehungsweise Buchstabenfolgen, die ich nie als Namen identifiziert hätte, sind bereits eingegangen.

Ob die schwangere Freundin weiß, was hier gerade abläuft? Mein Mann jedenfalls hätte sich nach so einer Aktion warm anziehen können.

Als wir Eltern wurden, haben wir uns viele Gedanken über den passenden Namen für unseren Sohn gemacht. Für mich war die Namensfindung eine sehr persönliche, mit der Vorfreude verbundene Angelegenheit und das „Buch der 1000 Vornamen" habe ich von vorne bis hinten durchgelesen. Selbst in der heutigen rasanten, digitalen Welt wäre ich nie auf die Idee gekommen, eine öffentliche Diskussion daraus zu machen, wie mein Kind heißen soll. Nun ja, vielleicht bin ich auch nur altmodisch.

Schade jedenfalls, dass ich wahrscheinlich nie das Resultat dieser fragwürdigen Meinungsforschung erfahren werde.

In solchen Momenten überlege ich jedoch ernsthaft, Facebook ein für alle Male den Rücken zu kehren.

Lesen

Zeitschriften

Damit habe ich jetzt nur bedingt zu tun, denn der Sammler vor dem Herrn ist in diesem Fall mein Mann. GEO, National Geographic, P.M. und wie sie alle heißen ... all diese zwar bunten aber langweiligen Wissensmagazine werden gekauft, gelesen und aufbewahrt – und das seit Jahren. Ein Jahrgang jeder Ausgabe belegt zehn Regalzentimeter plus die Sonderhefte in den Bereichen Wissen, Magazin und Spezial.

Eine logistische Herausforderung für mich und meinen schwedischen Freund Billy, dessen Regalböden sich unter der Last der Hochglanzmagazine bedenklich biegen. Mein Mann ist gegenüber sachlichen Argumenten in keiner Weise aufgeschlossen. Er wird sie

a) nie wieder lesen,

b) unser Sohn wird sie in Zeiten von Wikipedia nicht als Nachschlagewerk nutzen und

c) lassen sie sich niemals mehr gewinnbringend veräußern.

Sie blockieren Platz und wiegen gefühlte Tonnen. Sie bleiben! Basta!

In Zeiten meiner Konsumdiät habe ich persönlich damit aufgehört, Zeitschriften zu abonnieren. Ich kaufe nur noch sehr selten einzelne Exemplare, wenn mich deren Titelthemen interessieren. Auf meinem Smartphone nutze ich die App „Flipboard", die mir ausgewählte Artikel aus diversen Frauenzeitschriften präsentiert. Und dann sind da ja noch die Arztbesuche mit gut ausgestatteten Wartezimmern, in denen ich gewöhnlich in den Genuss der guten alten Brigitte komme.

Heute ist unser Zeitungskorb dran, das Auffangbecken für alles Bedruckte, was sich im Wohnzimmer so anhäuft. Um Bandscheibenschäden vorzubeugen, muss dieses Sammelsurium hin und wieder etwas abgespeckt werden.

Alle Werbeblättchen wandern in die blaue Tonne, zusammen mit den abgelaufenen Fernsehzeitungen und Stadionkurieren, die man auch direkt hätte entsorgen können. Versandhauskataloge werfe ich ebenfalls weg und die besagten gelesenen Sammelobjekte meines Mannes werden Billy zugeführt. Ich bilde mir ein, ihn tief seufzen zu hören – und damit meine ich jetzt nicht meinen Mann.

Bücherregal

Donnerstags gibt es bei unserem Spanier „Panchos" Tapas-all-you-can-eat und wir sind mit ein paar Frauen dort verabredet. Schnell kommt die Rede auf mein neues Projekt und ich erzähle voller Stolz, dass ich den halben Tag damit verbracht habe, unser Bücherregal zu optimieren. Alle Zeitschriften meines Mannes haben ja bereits einen Platz und passend dazu ordne ich nun auch unsere Bücher neu. Bisher gab es *meine* und *seine* Bücher – ordentlich getrennt. Heute habe ich es gewagt und alles umgekrempelt: Sie stehen nun bunt gemischt – nein, so kann man das ja gar nicht ausdrücken – nach Farben und dann weiter nach Größen geordnet im Bücherregal. Science Fiction neben Sachbuch, Roman und Thriller. Es zählt nun alleine die Farbe des Buchrückens. Das Gesamtbild ist unübertroffen. Da man beim Betreten unseres recht kleinen Gästezimmers direkt auf die große Bücherwand blickt, ist der erste Eindruck nun viel geordneter und ruhiger als vorher. Warten wir mal ab, wie ruhig die erste Suche nach einem bestimmten Titel verlaufen wird …

Bei würzigen Sardinen und anderen Leckereien diskutieren wir heftig über die optimale Ordnung von Literatur und Belletristik. Ich halte fest an meinem neuen Konzept und berichte über das Geburtstagsgeschenk meines Mannes – einen E-Book-Reader. Nun eröffnet sich mir auch literarisch die digitale Welt.

Das Lesegerät

Lange habe ich mich diesem Boom erfolgreich verweigert. In den Urlaub schleppte ich gewöhnlich fünf bis acht günstige Taschenbücher mit, um sie dann gelesen im Hotel zu lassen. Das kompensierte dann beim zulässigen Koffergewicht die Einkäufe von unnötigen Accessoires.

Doch vor kurzem wurde ein Buch beworben, was es tatsächlich – welche Frechheit! – überhaupt nicht in gedruckter Form gibt. Also musste ich es wohl oder übel mittels einer bestimmten Software auf mein Netbook laden. Umständlich, da ich dieses doch recht unhandliche Gerät natürlich nicht in meiner Handtasche spazieren führe, wie ich es oft mit einem Taschenbuch tue.

Was schenkt man einer Frau, die alles hat, außer einem E-Book-Reader? Na? So bin ich also in den Besitz dieses zweifellos praktischen Gerätes gekommen. Es berücksichtigt freundlicherweise Altersfehlsichtigkeit und Lichtverhältnisse, kennt keine Eselsohren und wiegt praktisch nichts. Der beste Ehemann von allen hat sogar meine Lieblingsfarbe gewählt: ein dunkles Rot.

Über einschlägige Facebook-Gruppen erfahre ich viel über die Neuerscheinungen unbekannter Autoren, die im Selbstverlag veröffentlichen und komme so in den Genuss vieler interessanter E-Books, auf die ich sonst nie aufmerksam geworden wäre.

Ein positiver Nebeneffekt sind die oft günstigen Preise, die die Autoren selbst festgelegt haben.

Büchertausch

Als neue Vorstandsmitglieder beim Familienverband haben meine Kollegin und ich das offene Bücheregal eingeführt. Das leere Wandregal im Eingangsbereich unseres Vereinshauses ist nun mit gespendeten Büchern bestückt, die sich jeder leihen oder einfach wegnehmen kann.

Genauso kann jeder die Bücher, die er nicht mehr benötigt, hier einstellen. Dass dies eine gute Idee war, merkt man an der Rotation des Bestandes, der sich stetig verändert.

Ich kenne viele, die es einfach nicht übers Herz bringen, Bücher wegzuwerfen. Andererseits gibt es genug Menschen, die gerne lesen, sich aber die Bücher nicht leisten können.

Das Angebot wird gut angenommen und wir bekommen viel positives Feedback. Übrigens gibt es im ganzen Stadtgebiet mehrere solcher Büchertauschstellen. Sie können also ohne schlechtes Gewissen ihrem Bücherregal eine kleine Diät verordnen.

Haus und Hof

Schlafzimmer

Das Zimmer, in dem wir nach einem anstrengenden Tag gerne zur Ruhe kommen, ist im Hinblick auf Ordnung meist der Ort des Schreckens. Alles, was schnell aus dem Blickfeld der übrigen Räume verschwinden muss, wird ins Schlafzimmer geschoben. Schmutzige Wäsche, Bügelwäsche, getragene und nur mal eben zum Lüften aufgehängte Kleidung ... schön ist das nicht. Dazu Bügelbrett und -eisen, ungenutzte Sportgeräte und anderer Krempel. Im Rahmen der Klamotten-Ausmist-Aktion könnte es inzwischen schon ein wenig strukturierter aussehen, aber eine Sache lässt das Schlafzimmer direkt immens gewinnen.

Mein Tipp: Das Bett nimmt den meisten Platz des Raumes ein. Nehmen Sie sich ein wenig Zeit und machen Sie morgens nach dem Aufstehen die Betten. Die Decken ein wenig aufschütteln, geradeziehen und die Kissen ordnen – das Zimmer sieht sofort mit minimalem Aufwand maximal besser aus.

Für getragene, aber noch frische Kleidung gibt es bei uns den guten alten „Herrendiener" und seit ich meinem Mann einen schicken Zeitungsständer neben das Bett gestellt habe, entfallen auch die huddeligen Zeitschriftenstapel.

Gästezimmer

Unser einziges Kind ist wohlbehalten vom Schüleraustausch zurückgekehrt und schwärmt von einem Einfamilienhaus der Luxusklasse, einer Bilderbuchfamilie und von ausschließlich frischen und mit Liebe zubereiteten Mahlzeiten.

Ich gerate in Panik. In einigen Wochen findet der Gegenbesuch der Franzosen statt und unser Gästezimmer gleicht einer Abstellkammer. David wurde im Zimmer seines Austauschpartners einquartiert, was wir in den letzten Jahren ebenso handhabten. Allerdings waren jeweils zwei Franzosen hier bei uns zu Gast.

In diesem Jahr wird uns Hugo besuchen und soll in unserem Gästezimmer residieren. Da er – genau wie unser Sohn – bereits Erwachsenenformat hat und sicherlich mit Gepäck anreist, müssen wir dringend Platz schaffen.

Unsere Billys sind bereits optimiert und der Inhalt ordentlich nach Farben sortiert. Trotzdem finde ich eine Bücherwand in dieser Art sehr unruhig für einen kleinen Raum, der durch eine Dachschräge nicht unbedingt an Weitläufigkeit gewinnt. Ein großer Schreibtisch blockiert die andere Längswand, so dass unser Gästesofa direkt vor dem Bücherregal stehen muss, wenn man es zum Bett ausziehen will. Dazu kommt ein recht großer und geräumiger Kleiderschrank. Dieser ist sehr alt, dunkel, massiv und rappelvoll; beherbergt er doch alle unsere Jacken für jede Jahreszeit.

Wenn ich ehrlich bin, ist der Schreibtisch dort in der oberen Etage überflüssig. Wenn ich schreibe, dann tue ich dies meist am Ess- oder Wohnzimmertisch. Lediglich zum Ausdrucken von Briefen oder Referaten bin ich oben tätig. Der alte Computer, der nur noch als Fotospeicher dient, wurde seit Jahren nicht benutzt und ansonsten wird dort noch Kleinkram oder Bügelwäsche abgestellt.

So ganz ohne Schreibtisch ist aber auch blöd, doch er ist definitiv zu groß, um ihn in einem der anderen Zimmer unterzubringen. Außerdem macht es grundsätzlich keinen Sinn, Möbel irgendwo hinzustellen, nur weil dort genug Platz ist, wenn man sie dann trotzdem nicht benutzt. Das gilt übrigens auch für andere Dinge.

Im Internet suche und finde ich einen kleineren Schreibtisch, der Ablagen für Tastatur und Drucker hat und perfekt dorthin passt, wo ich meist arbeite: ins Esszimmer. Idealerweise ist er sehr preisgünstig und wird bereits nach wenigen Tagen angeliefert. Er passt wunderbar in den Raum und kann, falls eine größere Anzahl Gäste erwartet wird, ganz einfach ins Wohnzimmer gerollt werden. Die wichtigsten Utensilien finden Platz, die Ordner mit unseren persönlichen Unterlagen stelle ich in die Regalwand und dann widme ich mich unserem alten Rechner.

Alle Spiele und unnötigen Programme lösche ich. Die Fotoalben übertrage ich auf meinen Laptop – nicht ohne sie vorher noch einmal durchzusehen und auszumisten. Auf diversen USB-Sticks und SD-Karten finde ich einige der Alben in doppelter und dreifacher Ausführung wieder. Nach zwei Stunden herrscht hier Ordnung. Den Rechner packe ich auf den Speicher. Bildschirm und Tastatur nehme ich mit ins Büro, da sie besser sind als das dortige Equipment.

Jetzt nur noch ein schönes Foto knipsen und ab mit dem Schreibtisch ins Nettwerk – der bereits erwähnten Facebook-Gruppe zum Tauschen, Verkaufen und Informieren. Bereits am nächsten Abend kommt ein netter Mann vorbei und nimmt das überflüssige Möbelstück gegen die Nettigkeit von dreißig Euro direkt mit. Das Sofa rückt an seine Stelle und der Raum gewinnt enorm an Größe.

Einige Tage später schaffe ich es tatsächlich, meinen Mann zu einem Abstecher in ein schwedisches Möbelhaus zu überreden. Wir schlendern durch die Ausstellung und beschließen spontan, dass auch der alte Kleiderschrank uns verlassen muss. Jacken und Mäntel werden auf die anderen Kleiderschränke verteilt, in denen ja, wie bereits beschrieben, inzwischen etwas mehr Platz vorhanden ist. Dabei kann man gleich einmal überlegen, ob es notwendig ist, für jede Wetterlage gleich mehrere Exemplare an Outdoorbekleidung vorzuhalten.

An die Stelle des wunderschönen Ungetüms im Gästezimmer soll eine ebenfalls wunderschöne, aber dezente Kommode treten. Der Schrank muss weg! Auch hier haben wir Glück:

Meine Schwester, die alte Möbel liebt, wird zuerst gefragt, hat aber leider keine Verwendung. Im „Nettwerk" finden sich Ostermontag aber direkt mehrere Interessentinnen und gleich mit der ersten werden wir uns einig.

Bei IKEA hatten wir spontan einen Schiebevorhang gekauft, der mit dem Motiv der nächtlichen Köln-Skyline einen großen Teil unserer Bücherwand verdecken soll. Sobald der braune Klotz weg ist, wird der Vorhang montiert. Ohne Schrank und mit Kommode macht unser kleines Gästezimmer seinem Namen ab sofort alle Ehre.

Bienvenue, Hugo!

Keller

Wir haben das Glück, dass unser Haus voll unterkellert ist. Genau das ist aber auch das Pech: Alles steht voll.

In einem Raum befindet sich unsere Waschküche. Zwei Maschinen, ein Trockner und jede Menge Wäschetonnen. Dazu ein Regal mit allen Waschmitteln, Weichspülern und anderen Fleckenmitteln.

Der Raum daneben beherbergt die Wäscheständer und einen weiteren Trockner und (aus gegebenem Anlass) ein aufgeklapptes Bügelbrett zum Falten von Kleidungstücken, die nicht gebügelt werden müssen.

Da sich hier ursprünglich unser Partyraum befindet, gibt es noch einen Schrank mit Gläsern und Spirituosen, einen riesigen Tisch mit Stühlen und ein Regal mit Dekoartikeln.

Zuletzt gefeiert wurde hier … ja, wann eigentlich?

Daneben gibt es noch unseren sogenannten Weinkeller. Ein kleines Räumchen, in dem unsere Getränkekästen stehen, die Leergutkisten und ein großer Schrank mit Krempel und altem Geschirr.

Im großen Kellerraum stehen – und das ist kein Witz – elf Schränke in allen Größen, ein großer Gefrierschrank zwei große Regale, ein Stapel Stühle und Kartons, Kartons, Kartons. Ach, und ich vergaß das Trimmfahrrad, welches sich hier nach seinem unermüdlichen Einsatz in einem Fitness-Studio sozusagen im Ruhestand befindet.

Außerdem werden hier alle defekten Elektrogeräte gehortet.

Wer die Größe der Einwurfschlitze der Elektrosammelcontainer zu verantworten hat, der möge zukünftig über jedes vorhandene Kabel stolpern. Hier passt nicht einmal ein Waffeleisen rein.

In dem großen Raum setze ich an und inspiziere der Reihe nach jede Schublade und jedes Fach. Vieles, wie zum Beispiel ein Folienschweißgerät mit rostigem Draht oder eine defekte Kaffeemaschine, wandert in den Karton „Elektroschrott".

Alles, was aufgrund der langen Liegezeit unbrauchbar geworden ist, wie Kleberollen oder Dekosachen, wird sofort entsorgt.

Ich ordne nach Themen. Ein Schrank ist nun reserviert für Toilettenpapier, Küchenrollen und Waschmittelnachschub.

Weihnachtsdekorationen liegen nun ganz oben auf den Regalen und eine Armada leerer Kartons wird zerlegt dem Altpapier zugeführt.

Weitere Teile vom alten Familiengeschirr werden bei ihren Kollegen im anderen Raum untergebracht und als ich völlig verschwitzt und k.o. mit dem Umräumen fertig bin, sind einige der kleineren Schränkchen überflüssig geworden.

Hier entsteht eine lange Liste für den Sperrmüll.

Die zahlreichen Geräte und Utensilien, die seit Jahren nicht benutzt wurden, aber noch in Ordnung sind, stelle ich – wie bereits erwähnt – in diverse Internetportale und bereits nach kurzer Zeit haben sich Liebhaber für Brotbackautomat, Mikrowelle und Mandelbräter gefunden.

Küche

Unsere Küche ist recht groß – das ist schön. Unsere Küche ist auch recht voll – das ist weniger schön. Doch wo setzt man hier am besten an? Das Müllproblem wird gerade gelöst (siehe nächstes Kapitel), aber was ist mit all den Sachen, die zwar auf den ersten Blick nützlich sind, aber dann doch nie benutzt werden?

Dazu gehören beispielsweise Platzteller. Sie sehen unter dem guten Geschirr zwar schön aus, sind aber aufgrund ihrer Größe unpraktisch und fristen ihr aus der Mode gekommenes Dasein seit Jahren ganz unten hinten im Schrank. Genauso die Cognacschwenker. Out, outer, Cognac. Selbst im Internet werde ich sie nicht los – vielleicht packe ich das alles mal in eine Kiste für den Trödelmarkt. Im Keller ist ja jetzt Platz.

Aber auch die große Anzahl an vorhandenen Kaffeepötten sprengt für einen Zweieinhalb-Personen-Haushalt völlig den Rahmen. Da haben wir die schönen bunten, die jedes Jahr von einer Kaffeerösterei im Treueprogramm erhältlich sind – die werden benutzt. Dann die mit einem schönen Motiv eines Leverkusener Großkonzerns – die sind für draußen. Des Weiteren die zu unserem Alltagsgeschirr gehörenden Kaffeebecher und -tassen – die waren teuer und stehen nur rum. Und last but not least die aus Glas in verschiedenen Größen, die wir für die Kaffeespezialitäten unserer Kapselmaschine verwenden.

Dieses Tassen-Beispiel lässt sich bequem übertragen auf die Bereiche Gläser, Tupperware, Besteck und Küchenutensilien.

Zuerst biete ich das Markengeschirr an und finde eine Liebhaberin, der ich direkt noch drei ungenutzte Schüsseln aufs Auge drücke. Wir tauschen gegen Kaffee (dringend benötigt) und einen neuen Rucksack, da sämtliche Exemplare unseres Haushaltes inzwischen kaputt sind. So schlagen wir gleich mehrere Fliegen mit einer Klappe.

Nach und nach durchkämme ich alle Schränke und Schubladen, die sich nach dem Prinzip „Doppeltsowenig" merklich leeren und Platz bieten für die Dinge, die aufgrund der vollen Schränke bisher offen herumstehen mussten.

Die Ecke neben dem Kühlschrank ist auch so eine Problemzone. In dieser Nische stapeln sich Getränkekisten, denn es ist wohl einfach, die Kisten aus dem Keller zu holen, aber schwierig, dann gleich eine leere Kiste mit runterzunehmen. Dies fällt normalerweise in den Aufgabenbereich eines Teenagers, der aber offenbar andere Hobbies pflegt.

Für kleines Geld schaffe ich ein Metallgestell an, in dem drei Getränkekästen einen schrägen Platz finden, so dass man Flaschen jeweils entnehmen und reinstellen kann, ohne lästige Umstapel-Aktionen. Die Ecke sieht direkt besser und ordentlicher aus und verführt so zum Erhalten dieser Ordnung.

Das Bad

Erfreulicherweise ist unser Bad recht geräumig, obwohl ein großer Teil des Raumes von einer Eckbadewanne belegt ist. Da wir alle lieber duschen, wird das gute Stück seit Jahren als Aufbewahrung für Wäschekörbe oder schmutzige Handtücher genutzt. Leider wird es noch etwas dauern, bis die gewünschte bauliche Veränderung realisiert werden kann. Hiermit müssen wir also leben. Aber der Rest des Raumes wirkt immer noch vollgestellt. Modeschmuck, diverse Körbchen mit Inhalt, Cremetuben und Tiegel, Bürsten und Kämme, elektrische Hairstyling-Geräte, Pröbchen, Krimskrams und die allgegenwärtigen Dekosachen.

Vor meiner Konsumdiät hatte ich 24 Lippenstifte, die sich farblich nur in Nuancen unterschieden. Inzwischen sind es noch zehn, die sich farblich nur in Nuancen unterscheiden. Einige sind bereits Jahre alt und sollten längst entsorgt sein. In Frankfurt kaufe ich mir während eines Wochenendaufenthalts einen hochwertigen neuen und frischen Marken-Lippenstift in meiner Lieblingsfarbe. Wieder zuhause angekommen, werfe ich bis auf meinen bronzefarbenen von Rossmann, die Neuanschaffung und zwei weitere, alle – und ich meine wirklich alle – in den Müll.

Die Schränke werden einmal komplett ausgeräumt – der Putz-schrank hatte ja bereits seine Diät – und dann prüfe ich alles auf Herz und Nieren. Fangoumschlag für die Mikrowelle, Wärmflasche aus po-rösem Gummi, uralte Sonnenschutzmittel und zerfledderte Kosmetik-täschchen … Eine große Mülltüte voller Krempel verlässt das Bad und schafft Platz für all das, was momentan noch herumsteht. Es dürfen nur die Dekoartikel bleiben, die asiatisch angehaucht sind. Andere mögen vielleicht das Thema Meer oder lieben es romantisch mit Rosen oder Kerzen. Ich finde, wenn man sich auf ein Genre festlegt, ist das Ge-samtbild einfach stimmig, und je weniger herumsteht, desto klarer und ordentlicher wirkt das ganze Badezimmer.

Wenn dann noch Handtücher, Duschvorhang und zum Beispiel Ba-dematte aus einer Farbfamilie stammen, dann trägt auch das zu einem schönen Ambiente bei. Ich jedenfalls komme gerne in unser Bad.

Eine Sache wird von mir jetzt endgültig ins …

Wohnzimmer

… ausgegliedert: Da ich mir die Nägel grundsätzlich hier mache, packe ich das komplette Equipment in eine kleine Holztruhe und integ-riere diese in die Wohnzimmerdeko. Neben unserem alten Globus fin-det sie ihren Platz – direkt in greifbarer Nähe von meinem Stammplatz und völlig unauffällig.

In diesem Raum ist es wie im Schlafzimmer: Da das Sofa bei uns den meisten Platz einnimmt – wie bereits erwähnt haben wir keine Zimmerfluchten sondern kleine Räume – gewinnt der ganze Wohnraum durch ordentlich angeordnete Kissen und gegebenenfalls gefaltete De-cken. Wenn dann der Tisch nicht gerade unter einer Ladung Zeug ver-schwindet, ist das schon die halbe Miete.

Dekomäßig gilt auch hier „Doppeltsowenig". Eine reduzierte An-zahl an Staubfängern wirkt Wunder – nicht nur optisch.

Ich denke zurück an meine „blaue Phase". Sie begann mit zwei schön geformten blauen Flaschen, dezent in einem Regal, und endete damit, dass meine Schwiegereltern mir zu jedem nur denkbaren Anlass blaue Gläser, Vasen, Schalen und Figuren mitbrachten. Irgendwann konnte ich es nicht mehr sehen und habe alles zum Container gebracht. Niemand hat es bemerkt – oder aber höflicherweise darauf verzichtet, mich deswegen anzusprechen.

Jahre zuvor waren es ein paar kleine Frösche in meinen Blumentöpfen, die sich nach und nach zu einem regelrechten Heer angesammelt hatten. Mit unserem Umzug und dem damit verbundenen Verlust der riesigen Blumenfensterbank sind sie allesamt spurlos verschwunden.

Natürlich liegt bei uns noch immer mal etwas herum, aber wir wohnen schließlich in einem gemütlichen Haus und nicht in einer Designermöbel-Ausstellung. Jedenfalls bricht mir inzwischen nicht mehr der Schweiß aus, wenn es an der Haustür klingelt und ich muss auch keine Angst haben, dass unerwarteter Besuch sich in unseren Räumen den Hals bricht.

Idylle

Mein Mann hat als selbstständiger Handwerker gut zu tun, vor allem jetzt in der Urlaubszeit. Bereits vor diesem Projekt hat auch er reduziert und seinen Betrieb auf etwas kleinere Füße gestellt. Mit nun noch wenigen langjährigen und zuverlässigen Mitarbeitern und nur noch einem Transporter arbeitet er wesentlich stressfreier als zuvor und hat wieder Zeit und Muße für sein Hobby, das Trainieren einer Kinderfußballmannschaft.

Aber darum sollte es in diesem Kapitel gar nicht gehen.

Worauf ich hinaus wollte: Als Selbstständiger (doch, nach der Rechtschreibreform schreibt man das so) mit teilzeitbeschäftigter Frau ist man nicht in der Lage, dreimal im Jahr in den Urlaub zu fliegen. Normalerweise gönnen wir uns gemeinsam eine sommerliche Pauschalreise, er sich mal eine Auswärtsfahrt, wenn Bayer 04 international spielt und ich mir hin und wieder einen Städtetrip.

In der Regel hat man nicht die Möglichkeit, sich mal eben beruflich zu verändern. Ich glaube, hier muss dann die Einstellung stimmen, um sich nicht aufzureiben. Und ganz wichtig ist ein guter Ausgleich in der Freizeit.

Also haben wir beschlossen, unser Grundstück zu einem schönen und gemütlichen Garten umzugestalten für die kleine Flucht aus dem Alltag. Dies ist uns bisher ganz gut gelungen. Die Terrasse ist seit letztem Jahr überdacht und wir haben eine Sitzecke, unsere Lounge, angeschafft. Ein Hochbeet wurde angelegt und ein Stück Wiese abgetragen, um dort zu pflastern. Hier stehen nun Tische und Stühle und noch eine Anschaffung aus dem Schlussverkauf nach der letzten Sommersaison: ein Weber-Gasgrill.

Unser Garten ist nun urgemütlich geworden und ein idealer Ort zum Draußen-Frühstücken oder für Grillabende mit Freunden.

Die Wiese ist ganz bewusst kein Golfrasen und wir dulden in gewisser Weise Unkraut, Moos und Löwenzahn. Den Apfelbaum scheint das ebenfalls nicht zu stören. Er trägt ordentlich und man kann ihm beim Wachsen zusehen. Unsere Hecke reckt sich langsam in die Höhe, ein großer Bambus dient als Sichtschutz zur Straße und wir verbringen viele Abende entspannt und fernsehfrei in unserem inzwischen richtig schönen, kleinen Garten. Im Lavendel vergnügen sich die Hummeln, ein kleines Mäusepärchen befreit uns von Schneckeneiern und auch eine Amsel hat ihr Nest bei uns gebaut. Der Wein, dem wir unsere Terrasse großzügig als Rankhilfe überlassen haben, wird uns zur Belohnung im Herbst kiloweise Trauben bescheren.

Wer die Möglichkeit hat, sich so einen kleinen, gemütlichen Entspannungsort zu schaffen, und sei es auf einem noch so kleinen Balkon, der möge dies bitte tun. Auch ohne grünem Daumen – irgendwas wird schon wachsen und blühen.

Meine Familie und ich, wir können hier wunderbar runterschalten und brauchen dazu nur ein bisschen schönes Wetter, ein Buch und hin und wieder ein Gläschen Wein.

Krempel

Müllentsorgung

Dass sich in jedem Haushalt Müll befindet, liegt in der Natur der Sache; schließlich leben und agieren wir ständig mit irgendwelchen Verbrauchsgütern. Dass dieser Müll in den Mülleimer oder direkt in die Tonne vor dem Haus gehört, ist eigentlich auch klar. Trotzdem finde ich bei einem kleinen Rundgang durch unser Haus diverse definitiv defekte Dinge und anderen Unrat. Wieso? Was hindert mich daran, etwas wegzuwerfen, was nicht mehr funktioniert oder schlichtweg Müll ist? Verlustängste? Ein zerbrochener Kamm hat keinerlei weiteren Nutzen und auch die leere Weingummitüte kann einfach nur noch weg.

Mein Tipp: Ich hebe die kleinen Plastiktüten, die man in der Apotheke, im Drogeriemarkt oder beim Kauf von CDs oder Obst bekommt, im Vorratsschrank auf und mache morgens regelmäßig einen kleinen Rundgang durch die Wohnung, um darin alles einzusammeln, was weg kann. Hierbei habe ich auch immer die Aschenbecher ausgeleert. Mein Mann hat das fiese Rauchen erfreulicherweise aufgegeben.

Wettschulden sind halt Ehrenschulden.

Dass der Hausmüll getrennt entsorgt wird, sollte selbstverständlich sein. Im Keller lungern diverse dieser modischen Einkaufskörbe, die man platzsparend zusammenklappen kann, herum. Diese werden ab sofort befördert zu Müllbeauftragten. Einer für Altpapier, einer für leere Flaschen und Gläser und einer für Pfandleergut. Sobald einer der Körbe voll ist, wird entsorgt. So sammelt sich nicht in jeder Ecke etwas an.

Für Restmüll hatten wir bisher einen kleinen Treteimer, der eigentlich immer übervoll war. Ich besorge einen erheblich größeren Klappdeckelbehälter und die entsprechend großen Mülltüten. Diese Anschaffung bewährt sich umgehend.

Unser gelber Sack wird in einen Ständer mit Deckel geklemmt, den ich für unter fünf Euro in einem Haushaltswarenladen gefunden habe. Beide Behälter finden ihren Standort in einer unauffälligen Ecke in der Küche.

Der gute Rat, dass jedes Ding seinen Platz haben muss, gilt halt auch für Müll.

„Ich erwarte högschte Konzentration!"

Der Bundestrainer

Buntes zur WM

Die Fußballweltmeisterschaft im südamerikanischen Brasilien färbt eindeutig ab. Im Supermarkt und in der Werbung schreit alles nach Salsa und Lambada.

Jeder halbwegs lateinamerikanische Ex-Z-Promi wird als Zugpferd für diverse Produkte aus der Versenkung geholt und darf bunt verkleidet vor die Kameras und in die Prospekte.

Exotische Schokoladentafeln, Knabberzeug mit scharfen Sachen à la Rodizio und die würzige Sambalami für aufs Brot. Den Lebensmittelkonzernen ist keine Idee zu abstrus, um nicht damit auf den WM-Zug aufzuspringen.

Es gibt spezielle Baby-Obst-Gläschen mit exotischen Früchten und vom Joghurt bis zum Erfrischungsgetränk mit und ohne Alkohol springen uns die typischen Landesfarben Brasiliens entgegen. Man schminkt und kleidet sich im „Latina-Style" und für die ganz Hemmungslosen gibt es Kontaktlinsen in den Farben diverser Landesflaggen.

Dazu hat jede Supermarktkette scheinbar ihre eigenen Sammel-Sticker-Karten-Klebe-Alben, die ja schließlich alle auch gefüllt werden müssen.

Wollen wir mal nicht hoffen, dass Deutschland in der Vorrunde ausscheidet …

Bis auf den Kauf einer einzigen, einschlägigen Chipstüte – deren vielversprechender Inhalt in der Geschmacksrichtung „Pfeffer-Limette mit Rumaroma" nach kurzem Probieren entsorgt wird – verweigere ich mich diesem Hype und kaufe getreu meines Vorhabens nur die altbewährten Produkte.

Wir verzichten übrigens auch seit jeher bewusst darauf, unser Familienauto oder unser Haus patriotisch zu verkleiden.

Am Ende erteilt sogar die deutsche Nationalelf den Brasilianern eine Abfuhr und kehrt als Weltmeister zurück von der Copacabana.

Sperrmüll

Morgen ist es soweit: Die Avea hat uns einen Abholtermin zugeteilt und ich kann es kaum abwarten, die alten Möbel nebst anderer Teile rauszustellen, die in Haus und Keller wertvollen Platz blockieren.

Meinen Entrümpelaktionen ist es zu verdanken, dass einige Schränkchen keinerlei Daseinsberechtigung mehr haben – zumindest nicht bei uns.

Vor allem im Keller bin ich fündig geworden und habe in den letzten Tagen fröhlich verschenkt, verkauft und getauscht. Brotbackautomat, Sodastreamer und die Drittküchenwaage … Diese und andere Geräte wurden wenig bis gar nicht benutzt, dann nach dem Motto „aus dem Auge aus dem Sinn" im Keller versteckt und nun an nette Menschen aus dem Stadtgebiet abgegeben. Mit Hilfe einschlägiger Facebook-Gruppen ging das alles sehr unkompliziert vonstatten.

Wenige Wochen später soll sich diese Entrümpelaktion bewähren. Sogenannter Starkregen setzt uns binnen Minuten mitten im Sommer den Keller komplett unter Wasser. Mittels elektrischer Pumpe und unser aller Muskelkraft befördern wir dieses literweise nach draußen und können uns dabei relativ frei bewegen, denn es steht einfach nichts mehr im Weg herum.

Momox

Eine geniale Plattform, um DVDs, CDs und PC-Spiele loszuwerden, ist Momox. Diese Firma kauft auch Bücher und alte Mobiltelefone an. Nach Eingabe der Ziffern, die unter dem Strichcode stehen, beziehungsweise der EAN-Nummer, erhält man das Ankaufangebot, welches man mit einem Klick akzeptiert – oder auch nicht. Natürlich kann man keine Reichtümer erwarten, aber Onlineversteigerungen sind halt sehr aufwendig und beim Trödelmarkt hat man immer das Wetterrisiko.

Für meine alten CDs, diverse Filme und Spiele kann ich einen hohen zweistelligen Eurobetrag erzielen. Das Paket wird auf Wunsch von einem Paketdienst abgeholt. Versandetiketten werden zum Ausdrucken zur Verfügung gestellt. Ein gut durchdachtes Konzept.

Da mir in erster Linie das Motto „Doppeltsowenig" wichtig ist, kommt es mir auf die Reduzierung meines gesamten Besitzes an und erst in zweiter Linie auf den Erlös.

So leeren sich innerhalb der Wohnung merklich die diversen Schränke und Schubladen.

Jäger und Sammler

Der Frau, Perle der Schöpfung, ist es nachweislich seit Jahrmillionen in die Wiege gelegt: das Sammeln. Einst, als es lebensgefährlich war, sich zu weit von der schützenden Höhle, in welcher die Vorzeitbabys herumkrabbelten, zu entfernen, begann frau zu sammeln. Beeren, Kräuter, Pilze, Holz … Es gab nicht viel – leider.

Heute kaufen wir die notwendigen Dinge im Supermarkt oder Einkaufszentrum und befriedigen unsere uralten, in uns brodelnden Triebe, indem wir schöne und nutzlose Sachen in Regale und Vitrinen stellen, um uns daran zu erfreuen. Diese Freude lässt beim Staubwischen regelmäßig ein wenig nach.

In unserem Haus befinden sich einige Sammlungen. Wenn man es genau betrachtet, sind diese überwiegend frankophil:

- alles von Chanel
- Gläser, Kännchen und Aschenbecher diverser Pastis-Hersteller
- Objekte mit der französischen Lilie
- Pins
- die bereits erwähnten Zeitschriften

Ganz schön viel Zeug, möchte man meinen. Über den psychologischen Hintergrund von Sammlern will ich an dieser Stelle besser nicht dozieren.

Die Chanel-Sammlung, die ich seit meiner Jugendzeit zusammengetragen habe, und deren Herzstück ein kleiner Schrank ist, finde ich nach wie vor einfach schön. Das klare und unverschnörkelte Design, der gesamte Stil, ich mag es. Im Zuge der Neugestaltung unseres Gästezimmers mussten leider zwei Setzkästen mit Miniaturen weichen. Diese fanden jedoch Platz in den anderen Vitrinen. Motto: Zusammenrücken.

Die Pastis-Kännchen sind vor einiger Zeit bereits ausgedünnt worden. Es gibt keine Doppelten mehr. Einzig ganz oben auf unseren Küchenschränken steht eine Armada gelber Pernod-Krüge, die aber dort sehr dekorativ aussehen und eine Art Gewohnheitsrecht besitzen. Die zahlreichen Aschenbecher dienen der Dekoration unseres Wohnzimmertischs, indem sie in einer Schublade unter der Glasplatte einfach nur schön aussehen. Vielleicht werden wir uns irgendwann von den vielen Gläsern trennen, momentan stören sie nicht weiter.

Die französische Lilie: Ein sehr hübsches Symbol und vertreten auf Übertöpfen, kleinen Behältern und Schalen … Die Vitrine ist in der Tat ein bisschen überfüllt und ich verzichte auf eine Kerze (uralt und verstaubt), einen Kerzenhalter (unpraktisch weil kopflastig) und einen zinnfarbenen Wandteller (altbacken). Auch die unnötigen Serviettenringe aus Holz mit aufgemalter Lilie kommen weg sowie kleine Plastikornamente zum Aufhängen.

Die Pins nehmen eher wenig Platz ein. Sie stecken auf Leinwänden, die ich mit der Farbe unserer Wohnzimmerwände angestrichen habe, und integrieren sich so sehr dekorativ ins Wohnzimmer.

Das Thema Zeitschriftensammlung hatten wir schon. Keine Chance auf Beseitigung! Ist halt so!

Alles in allem sind unsere Sammlungen noch überschaubar und fügen sich gut in das Gesamtbild unserer Einrichtung ein. Auf jeden Fall werden hier keine neuen Fässer aufgemacht. Es bleibt jetzt einfach dabei, und da wir ansonsten sehr sparsam mit Deko und Nippes sind, wirken unsere Zimmer nicht wirklich überladen.

Zumindest nicht, wenn aufgeräumt ist.

Fotos

Haben Sie schon einmal ein Foto Ihres Kindes zerrissen? Ich schon! Es hat zwar etwas Überwindung gekostet, aber nach einer Weile geht es ganz gut. Versprochen!

Unser Sohn kam 1999 zur Welt. Wir fotografierten damals noch analog und haben eine stattliche Anzahl an Alben angehäuft, die die Entwicklung unseres Sprösslings bis zur Grundschulzeit dokumentieren. Alles, was danach kam, liegt auf diversen Festplatten.

Bei der Durchsicht der Alben fällt mir auf, dass oft drei bis vier unmittelbar hintereinander aufgenommene Bilder das gleiche Motiv – nämlich David – zeigen, in der gleichen Situation, Unterschiede kaum erkennbar. Und hier setze ich an: Das jeweils schönste dieser Serienbilder darf bleiben, die anderen werden eliminiert. Zuerst noch zaghaft – „dieses süße Baby" – und dann werden in Nullkommanix aus vier Alben zwei. Ohne, dass ein Motiv verloren geht. Nur die Doppelten werden aussortiert.

Merkzettel: Muss mal in Bezug auf Fußball-, Yu-Gi-Oh- und Star-Wars-Karten mit meinem Sohn reden.

Aus den anderen Fotoboxen entferne ich zuerst mal alle Bilder, auf denen sich ausschließlich Personen befinden, die wir nicht kennen. Solche Leute werden ja gerne auf größeren Feiern aufgenommen in ausgelassener Stimmung. Jahre später nehmen diese Fremden in unserem Haus nur noch Platz weg. Genauso hunderte Fotos von Fußballspielen und -turnieren unseres Kindes. Alle Aufnahmen von Spielszenen ohne David (die meisten auch noch verschwommen) führe ich dem Recycling zu.

Bilder von ehemaligen Kollegen, Mitschülern, Bekannten, verstorbenen Verwandten und anderen Personen dünne ich ebenfalls aus und behalte nur die richtig schönen Aufnahmen.

Das gleiche mache ich mit all den tausenden Digitalfotos, die auf zahlreichen Speicherkarten und mehreren Rechnern herumschwirren – zum Teil doppelt und dreifach. Wie bereits weiter oben empfohlen, nutze ich als Speichermedium eine externe Festplatte, auf der alle Bilderserien nach Anlass und/oder Jahr sortiert Platz finden, wie zum Beispiel „Türkei 2008" oder „Karneval 2010".

Es ist zwar relativ zeitraubend, alle Alben durchzusehen, aber dabei lösche ich direkt alle verschwommenen, schlecht belichteten und doppelten Fotos und schwelge gleichzeitig in schönen Erinnerungen.

Auf jeden Fall stehen nach dieser Aktion wieder leere Speicherkarten zur Verfügung und auf der Festplatte herrscht Ordnung.

Papierkram

Jeder, der sich mit Büroarbeit auskennt, wird mir bestätigen: Das Schlimmste ist die Ablage.

Stapelweise Papiere sortieren und abheften ist lästig, weshalb ich diese Tätigkeit gerne aufschiebe. Das führt dann zu noch mehr Papier und somit zu noch mehr Arbeit. Im Büro ist das lästige Pflicht. Zuhause wandert alles in eine (große) Schublade. Aus dem Auge, aus dem Sinn.

Unser Bücheregal beinhaltet auch unsere Ordner; hier möchte ich gerne noch etwas Platz einsparen. Da ich recht häufig meine Arbeitsstellen gewechselt habe, nehmen diese Unterlagen einigen Raum in Anspruch. In einem Büroschrank meines Mannes finde ich noch ein paar Einhängemappen und die dazugehörige Ablagebox. Ich packe also die jeweiligen Papiere und Gehaltsabrechnungen der einzelnen Arbeitgeber in die Mappen und hänge sie ordentlich beschriftet in die Box. Diese findet Platz auf dem Speicher, da ich sie bis zur Rente vermutlich nicht mehr brauche.

In unserer Familie gibt es einiges an Versicherungsunterlagen. Zu jeder Police bekommen wir Anfang des Jahres einen Versicherungsverlauf geschickt, der säuberlich abgeheftet wird. Jetzt kommt ein Altpapierkarton zum Einsatz, denn ich hebe ab sofort nur noch die jeweils aktuellen Schreiben beim Vorgang, beziehungsweise der Police auf. Das spart sage und schreibe einen ganzen Ordner. Auch Rechnungen von Versandhäusern und Kassenbelege, die älter als zwei Jahre sind – Garantiezeit – werden entsorgt, es sei denn es handelt sich um wertvolle Gegenstände.

Die von mir seit Beginn meiner Berufsausbildung und der damit verbundenen Kontoeröffnung gesammelten Auszüge werden bis auf die der letzten zehn Jahre vernichtet.

Die Ordner sortiere ich wie folgt neu:

- einen für jeden von uns mit persönlichen Unterlagen und Verträgen
- einen für alle Bank- und Finanzangelegenheiten
- einen für alle Rechnungen, Quittungen und Kaufbelege
- einen für alle Versicherungsunterlagen

Unser Leben befindet sich fortan in sechs Ordnern und ich nehme mir vor, einmal im Quartal alles, was sich an einer nun zentralen Stelle auf meinem neuen Schreibtisch angesammelt hat, ordentlich wegzuheften.

Seele und Wohlbefinden

„Die Fähigkeit, das Wort Nein auszusprechen, ist der erste Schritt zur Freiheit."

Nicolas de Chamfort

Kurzes Wort mit langer Wirkung

„Kannst du mal eben...?"
„Ich brauche nur mal schnell...!"
„Du machst das doch so toll...!
„Du bist eine so gute Zuhörerin...!"

Kennen Sie diese kleinen, feinen Sätze, die man immer öfter in Ihre Richtung wirft? Gerne auch verbunden mit Hundeblick? Ist es nicht toll, so gebraucht und geschätzt zu werden? Zweimal „Ja!"?

Ich stelle jetzt mal ein paar andere Fragen:

Fühle ich mich nach erfolgreicher Hilfestellung wirklich immer gebraucht – oder eventuell eher missbraucht?

Nach dem Anhören endlos langer Monologe wirklich immer geschätzt – oder ausgenutzt?

Hat man im Gegenzug auch Zeit für meine Probleme und Sorgen?

Ich möchte nicht gleich alle vor den Kopf stoßen; schon gar nicht, weil ich gerne ein hilfsbereiter Mensch bin. Aber wenigstens hin und wieder ein freundliches, aber bestimmtes „Nein" tut bestimmt nicht weh. Na gut, man muss sich daran gewöhnen – an dieses Gefühl von Herzlosigkeit und Rohheit, an die tatsächlich manchmal ungläubigen Blicke à la „Was ist denn mit der heute los?" Aber ich versichere Ihnen auf lange Sicht weniger Stress und sogar mehr Respekt.

Mein „Nein" habe ich anfangs gerne eingeleitet mit: „Ich fürchte, da habe ich schon was vor.", oder später als Fortgeschrittene: „Ich bin gerade nicht so in der Stimmung."

Im Sinne von „Doppeltsowenig" werde ich jedenfalls mit meinem „Ja" künftig etwas sparsamer umgehen.

Für diejenigen von Ihnen, die sich mit einem „Nein" schwer tun, reicht für den Anfang ein freundliches „Vielleicht."

„Da alles in unserem Kopf ist, sollten wir ihn besser nicht verlieren."

Coco Chanel

Ich zähle täglich meine Sorgen

Es gibt tausende Gründe, sich Sorgen zu machen und ich kenne nahezu alle. Die Lektüre von Dale Carnegies Bestseller hat daran nichts geändert. Ja, ich lebe, aber währenddessen mache ich mir Sorgen.

Ob mit dem Job alles gut geht, ob meine Familie gesund bleibt oder was generell die Zukunft bringt – mein Zweitname ist Sorge.

Diese über Jahre angewöhnten Denkmuster abzuschalten, halte ich für unmöglich, aber daran zu arbeiten kann nicht schaden. Ein netter Mensch hat mir versprochen, dass, egal ob ich mir vorher Sorgen gemacht habe oder nicht, es sowieso an der Situation nichts ändert – außer, dass *ich* nicht gerade entspannt bin.

Da dieses Buch kein psychologischer Ratgeber sein kann und soll, will ich auf dieses Thema nicht zu sehr eingehen. Ich möchte nur einen Denkanstoß geben, sich über sein eigenes Sorgenverhalten klar zu werden.

Gegen die Gedanken, die sich vor dem Einschlafen gerne mal im Kopf breit machen, habe ich erfolgreich die Taktik der Atem-Entspannung für mich entdeckt. Bewusst atmen und sich nur darauf zu konzentrieren – das funktioniert bei mir nur für kurze Zeit. Und zwar deshalb, weil ich dann bereits eingeschlafen bin.

„Die selbstsichere Frau verwischt nicht den Unterschied zwischen Mann und Frau – sie betont ihn."

Coco Chanel

Rundungen

Ein Bild aufhängen, den verstopften Waschbeckensyphon abmontieren oder den Wäschetrockner reparieren – das sind Dinge, vor denen mir nicht bange ist. Ich kann den Garten umgraben, Fliesen abkloppen und Steine schleppen. Keine Frage. Aber eine Tatsache ist unbestreitbar: Ich bin eine Frau!

Und ich liebe es, das zu zeigen und mich entsprechend zu kleiden. Über mangelnde Rundungen kann ich mich nicht beklagen, und ich traue mir durchaus zu, einen Ausschnitt zu tragen, dem man die Weiblichkeit ansieht.

„Ein Dekolleté ist jener schmale Grat, auf dem der gute Geschmack balanciert, ohne herunterzufallen." Dieses Zitat der berühmten Gabrielle „Coco" Chanel sagt es aus. Betonen, was da ist, ohne es vulgär zur Schau zu stellen. Dazwischen liegt leider wenig bis nichts. Aber ob zu dick oder zu dünn – niemand sollte sich verstecken müssen, und jeder gefälligst den Stil tragen dürfen, den er mag und die Klamotten, in denen er sich wohlfühlt.

Genauso sollte niemand sich anmaßen, darüber zu urteilen, was dem anderen gefällt. So lange ich mich in meinem Dress wohlfühle, geht es mir gut. Das ist doch der Sinn der Sache. In dem Moment, wo ich mich, egal aus welchem Grund, über andere aufrege, habe doch *ich* das schlechte Gefühl. Der andere bekommt es meist nicht einmal mit.

Wenn eine Größe 34 oder eine Größe 54 sich gerne in einer engen Hose sieht oder in einem ärmellosen Top, ist das doch okay. Jeder hat dazu seine Meinung. Jeder möge sie bitte für sich behalten.

Haustiere

Einen Platz für dieses Thema zu finden ... schwierig. Unter die Überschrift *Krempel* hätte ich es ja schlecht setzen können. In Zeiten von Chihuahuas in Designertaschen diverser Z-Promis wäre noch der Titel *Accessoires* in Frage gekommen ... Vertiefen wir das besser nicht.

Wir waren jahrelang Gastfamilie für putzige Kaninchen. Mein Sohn musste irgendwann unbedingt eins haben und wir haben aus Tierschutzgründen immer zwei gleichzeitig gehalten. In einem geräumigen Stall mit großem Außengehege haben Flitzi und Mitzi, Hoppel und Lenny, Bommi und ... ein gutes Leben geführt.

Wir sind insofern eine Klischeefamilie, als dass das Interesse des eigentlichen Tierhalters („Iiih, das Klo mach ich aber nicht sauber.") bereits nach kurzer Zeit merklich nachließ. Um fast alles haben mein Mann und ich uns gekümmert. Wir übernahmen die Aufgaben des Logistikers (Herankarren von Futter, Heu und Stroh) und die des Friedhofsgärtners.

Im strömenden Regen den Stall saubermachen, im Winter das Trinkwasser auftauen, Tierarztbesuche, Sonnenschutz und Kälteschutz, Partnersuche für die Witwen und Witwer ... Sie alle hatten es gut bei uns. Betonung auf *hatten*. Beim letzten Todesfall beschlossen wir alle gemeinsam, dass das Kapitel Haustiere für uns ein Ende hat. Es war ein eiskalter Winter, den ein trauernder Lenny in unserem nagetiersicheren Esszimmer verbringen durfte. Ihn alleine draußen zu lassen, brachten wir nicht übers Herz. Unsere Weichholzmöbel haben zwar ein wenig gelitten und auch der Teppich, aber was soll's?

Über eine Annonce haben wir dann eine nette Partnerin für den süßen Lenny gefunden, die Berta. Unser Sohn hätte uns fast noch einen Strich durch die Rechnung gemacht. Als die Interessentin telefonisch anfragte, wie groß und schwer der Hase denn wäre, weil ihre Häsin doch recht zierlich sei, schätzte David mal spontan: „So an die fünf Kilo hat der bestimmt". Wir konnten diese Fehleinschätzung durch einfaches Wiegen und einen Rückruf aus der Welt schaffen.

Lennys neue Pflegemama ist zweihundert Kilometer gefahren, um ihn bei uns abzuholen. Nun lebt er glücklich in einer neuen Beziehung in Osnabrück.

Und wir können erleichtert bekanntgeben, dass wir ein tierfreier Nichtraucher-Haushalt sind.

Mein Tipp: Berücksichtigen Sie bei der Wahl Ihres neuen, tierischen Mitbewohners und vor dessen Anschaffung den später zu erwartenden Aufwand auch im Hinblick auf Ihre Urlaubsplanung.

Haustiere sind was Schönes und gerade für Kinder meiner Meinung nach wichtig. Artgerechte Haltung ist noch schöner und für die Tiere unerlässlich. Dies nur noch als kleiner Kommentar zum Schluss.

Ich bin kein Missionar …

Taktgefühl

Es sind Sommerferien – und ich rege mich auf: Der Busfahrplan ist anders getaktet, ohne dass man mich vorab persönlich darüber informiert hätte.

Genauso rege ich mich jedes Jahr darüber auf, dass Dominosteine und Weihnachtsschokoladen zu einer Zeit in den Läden liegen, in der man das Zeug aufgrund der hohen Außentemperaturen noch nicht einmal schadlos nach Hause transportieren kann.

Es regt mich auf, wenn jemand zu einer Verabredung zu spät kommt – aber wehe es klingelt zu früh, und ich bin noch nicht fertig.

Ich hasse es geradezu, wenn die Internetverbindung langsamer ist als ich und das Akku meines Handys viel zu schnell – grundsätzlich im falschen Moment – leer ist, obwohl der Balken gerade noch … Ach, geschenkt.

Wenn ich meinen Sohn bitte „mal ganz schnell" an die Tür zu laufen, da ich ein Paket erwarte, aber gerade Gehacktes durchknete, kann ich ihn theoretisch samt fertiger Frikadellen auf halbem Weg überholen, um eine davon dem Boten anzubieten.

Aber muss alles wirklich immer nach meiner Tempovorgabe laufen? Wer bin ich, dass sich alles um mich drehen soll – und dann idealerweise in der von mir gewünschten Geschwindigkeit. Natürlich müssen wichtige Termine eingehalten werden und Pünktlichkeit ist ein Ausdruck von Respekt. Doch wenn es um nicht ganz so wichtige Sachen geht, drücke ich jetzt auch mal ein Auge zu.

Ich kann mein Tempo gut nach unten anpassen, wenn in der Stadt mal wieder jemand vor mir herschleicht und ein paar Mal tief durchatmen, wenn der Bus auf sich warten lässt.

Zugegeben: Es dauert eine Weile, bis man das halbwegs verinnerlicht hat. Aber unter dem Strich bleibt eine Menge mehr Gelassenheit.

Dieses „Laissez-faire" ist für einen Kontrollfreak wie mich vor allem im Büro schwierig. Meine neue Aufgabe in einem Vereinsvorstand ist dafür ein gutes Übungsfeld, weil ich gerade zu meiner Entlastung selbst ein Team um mich herum aufgebaut habe und nun auch ein paar Aufgaben abgeben kann. Wir sind eine nette Truppe und auch wenn ich manches selbst vielleicht anders gemacht hätte, können wir uns alle aufeinander verlassen.

Auf gute Zusammenarbeit!

Treueschwur

Ich bin ein treuer Kunde und genieße es, von den Einzelhandelsketten, Geschäften und Internetshops umworben zu werden. Kundenkarten, Einladungen, Treueprogramme … Warenproben und Gutscheine … Man hat mich ganz doll lieb – oder etwa nicht? Verfolgen die dahinter stehenden Marketingprogramme etwa ein ganz anderes Ziel als das, mich glücklich zu machen?

Wollen die vielleicht nur noch mehr Geld verdienen mit mir?

Kundenbindung = Fußfessel?

Gleichzeitig wird mein Kaufverhalten akribisch ausgewertet, um mir die immer noch passendere und perfekt auf mich zugeschnittene Produktwerbung schicken zu können.

Wie bereits bei meiner Konsumdiät trenne ich mich erneut von den wieder reichlich vorhandenen Kundenkarten und Treueherzchen-Sammelheften. Diesmal muss sogar die Paybackkarte dran glauben. Sobald ich meine Punkte eingelöst habe, wird diese Geschäftsbeziehung beendet. Und mit ihr viele andere, die mir nicht mehr bieten, als an meinem Geburtstag mit Rabatt einkaufen zu können oder eine hauseigene Modenschau zu besuchen. Die Kundenkarte einer großen Warenhauskette habe ich seinerzeit nur aus dem Grund angenommen, weil ich einen netten Rabatt für den ersten Einkauf bekommen habe. So konnte ich für einen bestimmten Preis ein hochwertigeres Geschenk kaufen. Seitdem rutscht diese Karte zusammen mit anderen ständig aus einem Fach meines neuen Portemonnaies.

Aber nicht mehr lange.

Von guten Mächten

„... wunderbar geborgen, erwarten wir getrost was kommen mag."

Ein schwieriges Thema, dem ich mich trotzdem ganz kurz widmen möchte. In unserem Freundeskreis geht es glaubensmäßig recht bunt zu.

Da gibt es die gläubigen Christen, von denen einige zur Kirche gehen und andere nicht. Es gibt die Muslime, von denen einige fasten und andere gerne mal einen Wein trinken. Dann die Weltlichen, für die mit dem letzten Atemzug alles gelaufen ist. Nicht zu vergessen Orthodoxe, über deren Glauben ich so gut wie nichts weiß. Wir alle leben in der gleichen Stadt, kennen und treffen uns, ohne die jeweiligen Religionen zum Thema zu machen.

Wie auch immer wir alle *IHN* da oben nennen, ob wir an einen oder mehrere Götter glauben, an Engel oder an die Wissenschaft. Ob unsere Seelen weiterleben, wir wiedergeboren werden, mit Karma oder ohne:

Glauben heißt nicht wissen.

Vielleicht werden wir es (gerne möglichst spät) erfahren – oder unser Licht geht einfach aus. Ich persönlich möchte niemanden missionieren und umgekehrt von niemandem missioniert werden. So halte ich es auch weiterhin.

Mit Respekt.

„Gott ist mit uns am Abend und am Morgen – und ganz gewiss an jedem neuen Tag."

Dietrich Bonhoeffer

„Ich bereue nichts im Leben – außer dem, was ich nicht getan habe."

Coco Chanel

Methusalem

Meine Lebenserwartung beträgt rein statistisch gesehen circa 85 Jahre. Wenn ich hiervon ein paar Flaschen Wein und einige Kilo Übergewicht abziehe, bleibt mir hoffentlich noch viel Zeit, die ich nicht hauptsächlich mit der Reinigung und Verwaltung meines Besitzes verbringen möchte. Die effektivste lebensverlängernde Maßnahme ist meiner Meinung nach die Disziplin gepaart mit Intelligenz. Blöd bin ich nicht, aber leider noch immer etwas chaotisch.

Durch dieses Projekt jedoch, durch die neuen Pläne und die Tatsache, dass ich mich der Überauswahl an Dingen durch den Blick zurück in meine Jugendzeit entziehe, habe ich hoffentlich schon ein paar Jährchen herausgeholt. Dazu etwas mehr Sport und Humor … Die durch das Projekt „Doppeltsowenig" gewonnene Zeit werde ich hin und wieder einfach mal genussvoll vertrödeln.

Meine Erben werden sich gedulden müssen.

Worte zum Schluss

Zwei Wochen Urlaub am Comer See liegen *hinter* – zwei Koffer voller Schmutzwäsche *vor* mir. Mehr hatten wir dieses Mal nicht mitgenommen.

Im oberen Stockwerk erwarten uns nach der langen Autofahrt frisch bezogene Betten. Die Zimmer sind luftig und kühl, weil wir vor dem Urlaub alle Rollos runtergelassen hatten. Ordnung wohin das Auge blickt.

Im Kühlschrank befinden sich gekühlte Getränke und etwas haltbarer Aufschnitt und Eier. Im Tiefkühlfach sind Brötchen zum Aufbacken für unser Frühstück morgen. Auf dem Esszimmertisch liegt noch der kleine Geldbetrag …

… Nein, nicht der für die Einbrecher, wo denken Sie hin. Wir hatten nur vor der Abreise alle kleinen Münzen aus unseren Portemonnaies geschüttet.

Morgen ist Sonntag und wir werden unseren wunderbaren Urlaub gemeinsam ausklingen lassen. Meinem Mobiltelefon gönne ich noch einen weiteren freien Tag. Nächste Woche greift dann wieder der Haushaltsplan, der passenderweise mit der großen Wäsche beginnt.

Mein Selbstversuch scheint von Erfolg gekrönt. Ein Grund, das Projekt nicht zu beenden, sondern einfach noch ein wenig weiterlaufen zu lassen. Viele Abläufe haben sich inzwischen ohnehin verinnerlicht und ein Blick in unsere Räume beweist mir, was einige kleine Verhaltensänderungen und eine gewisse Planung bewirken können. Das alles ganz ohne Druck und Gewalt.

„Doppeltsowenig" – fühlt sich einfach gut an.

Zum Schluss noch ein Zitat der berühmten Coco Chanel:

„Verschwende nicht deine Zeit damit, gegen eine Wand zu treten, in der Hoffnung, sie in eine Tür zu verwandeln. "

In diesem Sinne ...

Links und Hinweise

Interessante Webseiten

www.realsimple.com
Leider nur in English – aber hier findet man tolle Tipps und Checklisten für mehr Ordnung und Sauberkeit in allen möglichen Kategorien.

www.gesunde-hausmittel.de
Für die Besinnung auf die guten und bewährten Hausmittel aus Omas Zeiten sowie die Naturheilkunde.

www.foodsharing.de
Eine Initiative für das Retten und Teilen von Lebensmitteln, die mittlerweile in vielen Städten etabliert ist.

Pfarrer Meurer in Köln – Telefon 0221 87 14 17
Spenden von Kleidung, Wäsche und Gegenständen, die nicht mehr benötigt, aber noch gut sind, werden angenommen. Der Pfarrer verteilt diese an wirklich bedürftige Menschen in seiner Gemeinde.

Putzplan

Jede Woche	Alle zwei Wochen	Alle vier Wochen
Toiletten (2x/Woche) Waschbecken Wäsche (Mo.) Bügeln (Do.) Pflanzen Handtücher tauschen Staubsaugen	Böden nass wischen Staub wischen	Betten beziehen Wohnzimmertisch Treppenhaus/Schuhe Fliesenspiegel Küche Nähen/Reparieren Dusche gründlich Bildschirme
Alle drei Monate	**Alle sechs Monate**	**Einmal im Jahr**
Mülleimer Decken und Kissen Fenster Draußen Sofa	Lampen Teppiche Heizkörper Waschmaschine Abzugshaube Kühlschrank abtauen Gardinen Auf/ unter Möbeln Backofen Kaffeeautomat Ablage Elektrogeräte	Rollos Türen Speicher Keller Unterlagen >10 Jahre entsorgen Garten winterfest Computer entrümpeln

Spielregeln für soziale Netzwerke

Netze haben Maschen – auch soziale Netze. Ohne ein paar Regeln kann aus der Teilnahme an den diversen Angeboten schnell ein Selbstläufer werden. Das Internet vergisst so schnell nichts und nicht wenige Personalchefs amüsieren sich über Flatrate-Party-Fotos ihrer Bewerber – bevor sie die Unterlagen mit einer freundlichen Absage zurückschicken. Kein noch so guter Notendurchschnitt kompensiert beispielsweise das Foto einer hübschen Schülerin, die gerade mit glasigem Blick auf einer Theke tanzt. Mittlerweile gibt es traurige Statistiken über Jugendliche, die lieber ihr Leben beenden wollen, als sich weiter dem Online-Spott ihrer Klassenkameraden auszusetzen. Vor dem Drücken der Enter-Taste sollte man also einiges beachten:

1. Wähle ein Profilfoto, das sich auf dein hübsches Gesicht beschränkt. Dein Körper gehört dir!

2. Vermeide im Profilnamen die Angabe deines Alters oder Geburtsjahres.

3. Wenn du ein Problem mit jemandem zu klären hast, dann trage das persönlich aus und nicht im Netz – jedenfalls so lange es Drucker gibt und Leute, die diese bedienen können.

4. Der Übergang vom Scherz zur üblen Nachrede ist fließend. Ab dem 14. Lebensjahr bist du rechtlich verantwortlich für das, was du von dir gibst.

5. Klasse statt Masse – niemand (wirklich niemand!) braucht 300 virtuelle „Freunde".

6. Thema: Privatsphäre – sei sparsam mit persönlichen Informationen. Du lädst ja auch nicht regelmäßig zum Tag der offenen Tür in dein Zimmer ein.

7. Vertrauen ist gut – Kontrolle ist besser: Unzählige jugendliche Chatpartner entpuppen sich beim ersten romantischen Treffen als einschlägig interessierte Erwachsene. Gehe also niemals alleine hin. Niemals!

8. Vorsicht mit der Webcam! Schau dich mal ausführlich in „Youtube" um; dann erklärt sich diese Warnung von selbst.

Zusammenfassend kann man sagen, dass nur **die** Angaben ins Netz gehören, die man auch in einer seriösen Tageszeitung über sich lesen möchte.

TESTERGEBNIS - *Deodorants ohne Aluminium*

8x4 Hollywood			
1,29 €/150 ml	Angenehmer und dezenter, femininer Duft	Bis in den Abend reichende Wirkung ohne Nachsprühen	Bewährte Qualität, sehr angenehm

AXE Anarchy for her			
3,45 €/150 ml	Angenehmer und dezenter Duft	Bis zum Nachmittag reichte die Wirkung; dann Nachsprühen notwendig	Moderner Look

CD Deo Wasserlilie			
1,99 €/75 ml	Angenehmer und dezent frischer Duft	Bis in den Abend reichende Wirkung ohne Nachsprühen	Ohne Treibgas

FA natural & pure Rosenblüte			
1,79 €/150 ml	Angenehmer und dezenter, rosiger Duft	Bis in den Abend reichende Wirkung ohne Nachsprühen	Große Auswahl an Düften

ISANA Fresh / Rossmann			
0,69 €/150 ml	Angenehmer und wirklich frischer Duft	Bis in den Abend reichende Wirkung ohne Nachsprühen	Das Öko-Test-Label „sehr gut" und der Preis machen dieses Deo zu meinem absoluten Sieger

MEL MERIO Attractive Girl / Rossmann			
1,49 €/150 ml	Angenehmer, sehr süßlicher Duft	Bis in den Abend reichende Wirkung ohne Nachsprühen	Zauberhaft für junge Mädchen

NIVEA fresh natural			
1,55 €/150 ml	Der typische feine Nivea-Duft	Bis in den Abend reichende Wirkung ohne Nachsprühen	2. Platz wegen des Duftes und des Frischegfühls

Sebamed Frische Deo frisch			
3,35 €/150 ml	Aufdringlicher Duft eines typisches Männerdeos	Bis in den Abend reichende Wirkung ohne Nachsprühen	Würde ich für meinem Mann kaufen

KONSUM
Britta Heinrichs
diät

Vom Selbstversuch, ein Jahr lang
nichts Unnötiges zu kaufen

„Das schaffst du nie!"

So und ähnlich lauteten die motivierenden Kommentare zu meinem Vorhaben, ein Jahr lang nichts Unnötiges zu kaufen. Trotzdem habe ich es gewagt.

Dieses Buch setzt sich humorvoll aber auch selbstkritisch mit diesem Projekt auseinander und beschreibt das wohl anstrengendste Jahr meines bisherigen Lebens. Es berichtet vom anfänglichen Plan und dessen Umsetzung bis hin zu der immer wieder neuen Definition des Wortes 'unnötig'.

Ob und wie ich als bekennende 'Kauflustige' meine Konsumdiät durchgehalten habe?

Lesen Sie selbst!

ISBN 978-3-8423-7952-7
Books on Demand GmbH, Norderstedt